Hobby – Bauernmalerei

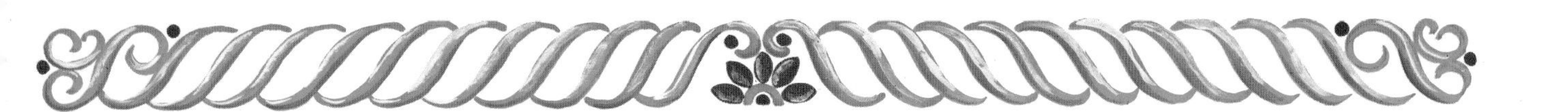

HOBBY Bauernmalerei

Senta Ramos
Jo Roszak

Falken-Verlag · Niedernhausen/Taunus

Die Produktionsfirma TV 2000, Wiesbaden, erstellte für das Westdeutsche Fernsehen, Köln, die Fernsehserie »Bauernmalerei«.

Von und mit	Senta Ramos
Den „Hugo" spielt	Heinz Eckner
Kamera	Kurt Borkowski Jochen Ewest
Ton	Udo Steinke
Regieassistenz/Schnitt	Yvonne Kölsch
Bühne	Hugo Saebel
Aufnahmeleitung	Wolfgang Burhenne
Herstellungsleitung	Harald Wigankow
Drehbuch/Regie	Jo Roszak
Redaktion	Dr. Claus Spahn

ISBN 3 8068 0436 2

Fotos: Heide Schneeberger
Entwürfe: Senta Ramos
Satz: Studio Oberländer
Druck: Richterdruck, Würzburg

817 2635 4453 6271

Inhalt

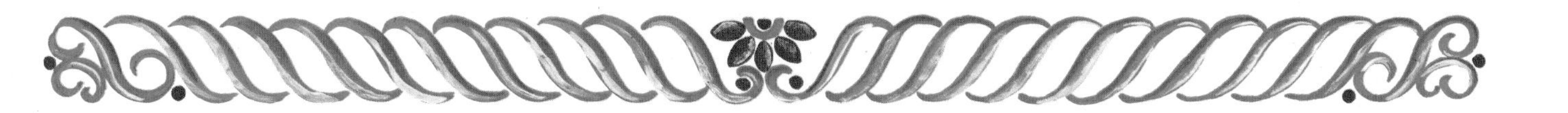

Bauernmalerei - ein Spaß für jedermann

Ein wenig Geschichte statt eines Vorwortes

Der 30jährige Krieg war vorbei. In den beteiligten Ländern erholte man sich vom Schrecken der umherziehenden Landsknechtshorden, von den Brandschatzungen und Plünderungen. Und mit der wiederkehrenden Ruhe im Land begann man sich auch wieder für das Schöne zu interessieren, das in den vergangenen Jahrzehnten bei all dem Hader um den rechten Glauben zu kurz gekommen war. Auf den Schlössern des Adels und in den mittlerweile wieder zu Wohlstand gelangten Bürgerhäusern der Städte wechselte die ›Möbelmode‹. Barock und später Rokoko, geschwungene Linien, üppige Verzierungen und verspielte Heiterkeit prägten den neuen Kunst- und Lebensstil. Massives Holz von Eiche, Kiefer oder Fichte? Nein, nach Edlerem stand jetzt der Sinn. Furniere aus exotischen Hölzern, aus wertvollen Obstbäumen waren gefragt. Das einheimische Angebot reichte nicht aus. So führte man Hölzer aus Übersee ein, aus fernen Ländern. Das kostete viel Geld. Geld, das in den Städten schon wieder kursierte, genug um solche Möbel herstellen zu lassen. Handel und Wandel brachten es, aber auch der Adel, die Grundherren, die es sich – woher auch sonst – von den Bauern holten. Da blieb auf dem Lande nicht viel übrig, um sich solch schöne Stücke vom Dorfschreiner anfertigen zu lassen. Der konnte die Wünsche nach »teuren Furnieren« nur selten erfüllen. Aber er konnte seine Möbel »teuer« bemalen! Gemalt wurde im Stil der Zeit. Er lieferte die Vorbilder für die Tischler, die nun versuchten die »Schönheit«, die Kostbarkeit der höfischen Möbel mit einfachen Mitteln nachzuahmen. Diese Schreiner und Tischler wurden die ersten Bauernmaler. Und wahrlich, kaum einer von ihnen verstand das Handwerk der Malerei.

Intarsienverzierte Rückenlehne eines Barockstuhls. Die hier als Holzeinlegearbeit ausgeführten Motive wurden von ländlichen Handwerkern nachgemalt.

Was sollten sie aber malen? Sie griffen zu Motiven aus ihrer direkten Umgebung. Blumen, überall waren sie zu finden: Rosen, Nelken, Tulpen, Glockenblumen oder Lilien. Hatte der Auftraggeber einen besonderen Wunsch, bitte, man war bereit ihn zu erfüllen. So entstanden Portraits, mehr oder weniger geglückt, was ihre Ähnlichkeit betraf, Szenen aus dem ländlichen Leben, Bauern bei der Arbeit oder Ernte. Ja, wenn es jemand wollte, wurden sogar ganze Bauernhochzeiten auf Holz festgehalten. Mancher Kunde wünschte sich, seine Äcker zu sehen, Fischweiher oder die Berge; dann malten diese Volkskünstler eben Landschaften. Auch Namensinschriften, Sprichwörter und Jahreszahlen, ja sogar Liebeserklärungen schmückten Schränke und Truhen. Die Fülle der Motive ließ sich bald nicht mehr überschauen. Neben diesen naturalistischen Darstellungen aus dem täglichen Leben gab es bald Bilder aus der Welt der Visionen, Symbole tauchten auf, Sinnbilder und gemalte Gleichnisse.
Auf den erhaltenen historischen Stücken finden wir besonders häufig die Rosette, das Symbol der Sonne,

das Herz, Symbol der Liebe, oder den Stern, der für das Wachstum stand. Fast zwei Jahrhunderte dauerte diese Zeit. Dann, in der Mitte des vorigen Jahrhunderts, endete die Geschichte der Bauernmalerei. Das Zeitalter der maschinellen Fertigung begann. Auch die Möbel wurden immer mehr von Maschinen hergestellt. Sie waren billiger als die handgefertigten, brachten neue Sachlichkeit in die Häuser, die der Zeit zu entsprechen schien. Man legte kaum noch Wert auf individuelle Gestaltung. Man bewunderte vielmehr die bis dato unbekannte Uniformität der Möbel, die sofort verriet, wieviel Geld man für sie ausgegeben hatte, denn natürlich lernte man die Angebote und Typenkataloge immer besser kennen. So wurden diese »modernen« Möbel alsbald zum Status-Symbol.

Erst heute erlebt die Bauernmalerei eine Wiedergeburt. Erst jetzt erwacht wieder der Wunsch nach Individualität. Nun wollen wir wieder ausbrechen aus den von der Industrie diktierten Normen, ihrer unmenschlichen Sachlichkeit. Die Wiederbelebung der Bauernmalerei, die Wiederentdeckung alter Volkskunst und ihrer Technik, die wir alle erlernen und zu ganz persönlicher Freude nutzen können, bietet uns heute einen reizvollen Weg aus der Sterilität der modernen Anbaumöbel. Vor knapp hundert Jahren entstanden die letzten historischen Möbel, die Bauernmaler bemalt hatten. Meist sind diese Stücke, sofern sie sich noch im Privatbesitz befinden, kostbare Antiquitäten

Niederdeutsche Truhe um 1800 (Landesmuseum Braunschweig).

und werden als solche auch gehandelt. Wer kann sie aber schon kaufen. Daß wir dennoch nicht auf den Reiz eigener Möbel im Bauernstil zu verzichten brauchen, wie wir sie uns selbst schaffen können, zeigt Ihnen dieses Buch. Lassen wir uns bezaubern von der Faszination der fröhlichen Farben, der schlichten Darstellung der Blumen und vom Formreichtum der Motive. Greifen wir selbst zum Pinsel, denn Bauernmalerei ist für alle leicht zu erlernen. Hobby-Bauernmalerei verlangt keine Perfektion und will auch nicht konkurieren mit den historischen Raritäten. Wir brauchen letztlich nur Lust zu eigener Gestaltung und etwas Geduld, um uns in wenigen technischen Fertigkeiten zu üben.
Gehen wir doch einfach 100 Jahre zurück. Schlüpfen wir in die Haut eines der damaligen Tischler oder Schreiner, die plötzlich zum Maler wurden, weil ihre Kunden Möbel von besonderer Art haben wollten. Wir sind unser Maler und Kunde zugleich. Aber, wir müssen uns die einzelnen Schritte der Bauernmalerei, die uns so reizvolle Ergebnisse schenken kann, nicht einzeln erarbeiten. Mit Hilfe dieses Buches, mit den zahlreichen Vorlagen und mit etwas eigener Initiative, zum Beispiel den Besuch von Museen, um auch die historischen Stücke kennenzulernen, werden Sie schneller als angenommen zum eigenen Meister in diesem Fach. Und während Sie an Ihrem ersten Werkstück arbeiten, werden Sie entdecken, wieviel Freude Sie an diesem sinnvollen, entspannenden Hobby haben können. Wir wünschen Ihnen viel Spaß!

Spanschachtel für Hochzeitshaube (Norddeutschland).

Truhe mit Sonnen-, Stern- und Herzsymbolen (1827). Die stilisierten Vögel sollen bekannte Haustiere, wie Hühner und Enten darstellen.

Jedes Holz läßt sich bemalen!

Fängt man mit dem Hobby Bauernmalerei einmal an, stellt man schnell fest, daß es eigentlich nichts aus Holz Gefertigtes gibt, was man nicht bemalen könnte. Dabei bleibt es gleich, ob die Gegenstände groß oder klein, eckig oder rund, alt oder neu, schon einmal bemalt, gebeizt oder aus Rohholz sind. Ja, es scheint letztlich sogar unwichtig, ob sie beweglich wie Stühle, Truhen oder stationär wie Türen, Balken oder Fensterläden sind. Ein besonderer Vorteil dieses Hobbys: Es setzt dem Einfallsreichtum keine Grenzen. Eher schränkt schon unser eigenes Stilempfinden die zum Bemalen ausgewählten Gegenstände ein. Z.B. sind Schnörkel oder üppiges Schnitzwerk heute untypisch für die Bauernmalerei. Aber, wir werden es sehen, auch solcher Zierat läßt sich mitunter durch ein wenig Geschick in unsere Bauernmalerei einbeziehen.

Am besten, wir fangen mit kleinen Gegenständen an. An ihnen üben wir den Umgang mit Pinsel und Farben, probieren nacheinander die Motive aus und trainieren uns in jenen kleinen Fertigkeiten, die den eigenen Reiz unseres Hobbys ausmachen. Je ausgefeilter unsere Technik wird, desto mehr Freude werden wir an unseren Werkstücken haben. Und Werkstücke gibt es, wie gesagt, genug. Auf dem Dachboden oder Speicher findet sich mancherlei, was mit Pinsel und Farbe gewissermaßen wieder zu neuem Leben erweckt werden kann. Alte Holzbügel zum Beispiel, Borde, Kerzenhalter, ausrangierte Frühstücksbretter, Spanschachteln, Kisten und Kästen. Aber auch alte Möbelstücke. Ein Stuhl, der eigentlich längst weggeworfen gehörte, eine Kommode, Fußbank oder ähnliches. Auf Flohmärkten, beim Trödler findet man ebenso viele Dinge wie im eigenen Keller. Und wenn man hier nicht fündig wird, dann vielleicht bei Verwandten und Bekannten. Sicher stehen irgendwo, ungenutzt und vergessen, alte Schränke, Bettgestelle, Stühle, in ländlichen Gegenden Tröge, Butterfässer, Melkeimer, Backmulden, Schöpfkellen, ausrangiert, weil sie nicht mehr zeitgemäß waren oder abgenutzt sind. Eine Fundgrube für den Hobby-Bauernmaler. Schauen wir uns nur einmal um. Natürlich müssen es nicht alte, ausgediente Werkstücke sein, die bemalt werden können. Bastelgeschäfte, Kaufhäuser, Do-it-yourself-Läden, Papier- und Fachgeschäfte, auf dem Wochenmarkt ein Holzwarenstand bieten große Auswahl an Rohholzgegenständen, die wir bemalen können. In Spezialmöbelgeschäften oder entsprechenden Boutiquen finden wir auch Möbel aus rohem, unbearbeiteten Holz. Machen wir es uns am Anfang einfach. Probieren wir uns anfangs an kleinen Gegenständen aus rohem Holz. Wir ersparen uns dadurch ein paar Arbeitsgänge bei der Vorbereitung der Werkstücke zum Bemalen, die bei bereits einmal bearbeitetem, beziehungsweise bemaltem oder gebeiztem Holz unerläßlich sind.

Gemeinhin dauert es nicht lange, bis wir uns sicher genug fühlen, um auch große Werkstücke anzugehen, Schränke und Truhen, ja sogar ganze Zimmereinrichtungen.

Diese »alte« Biedermeier-Gartenbank wurde nach einem alten Vorbild 1975 nachgetischlert und bemalt.

Jedes Holz muß vorbehandelt werden

Wie man das Holz vorbehandelt

Wir wissen es inzwischen. Auf der Suche nach bemalbaren Gegenständen treffen wir auf zweierlei Holz, bereits bearbeitetes Holz und Rohholz.

Rohholz

Zunächst müssen wir es von eventuellem Schmutz reinigen. Rohholz nimmt besonders gern Fett an. Bereits das natürliche Hautfett, z. B. Fingerabdrücke, reichen aus, um unseren Hauptfeind, Staub und sonstige kleine Schmutzpartikelchen, anzuziehen. Schlimm ist dabei, daß man diese Teilchen auch unter dem dicksten Farbauftrag noch sehen kann. Also müssen Schmutz und Staub stets vor Beginn unserer Malarbeit restlos entfernt werden. Am besten verwendet man zur Reinigung einen feuchten Lederlappen. Ist das Holz stark verschmutzt, helfen Spiritus, Anlauger oder Holzseife.

Bild links oben: Alte Holzgegenstände, die sich besonders gut für Ihre Hobby-Bauernmalerei eignen.

Bild links unten: Rohholzgegenstände, die Sie in Kaufhäusern, Bastelgeschäften und Do-it-yourself-Läden in den verschiedensten Ausführungen und Größen finden. Denken Sie daran – alles was aus Holz ist, läßt sich bemalen.

Rohholz ist sehr empfindlich und nimmt leicht Schmutz und Fett an. Beides muß vor dem Bemalen entfernt werden. Achten Sie besonders auf Fingerabdrücke, die auch nach dem Farbauftrag sichtbar bleiben, wenn Sie die Holzoberfläche nicht vorher gereinigt haben.

Warmes Wasser, Spiritus und in hartnäckigen Fällen Anlauger brauchen wir, um unser Holz richtig zu reinigen.

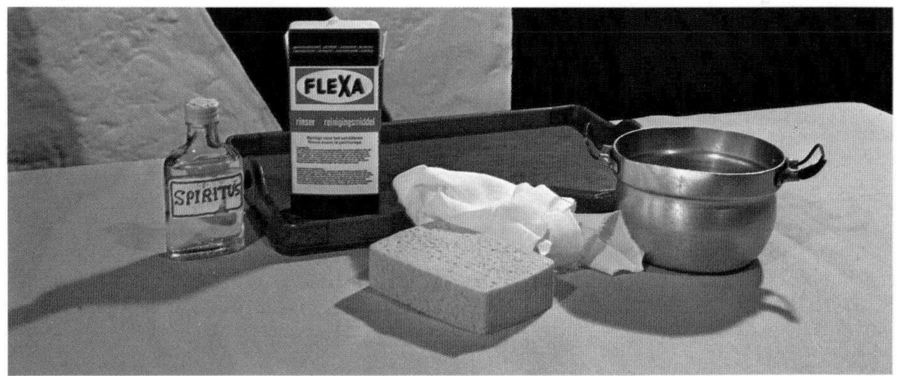

Mit Lederlappen oder Schwamm gehen wir dem Schmutz zuleibe.

Hier wurde das Holz vor dem Bemalen nicht richtig befeuchtet und abgeschliffen. Die Farbe platzt ab.

Beim Anfeuchten mit warmem Wasser richten sich die Holzfasern auf und trocknen aufgerichtet. Wir können sie später leicht abschleifen und erhalten so einen gleichmäßigen Malgrund.

Mit Sandpapier, das wir um einen Holzkeil oder Kork legen, glätten wir die Oberfläche.

Noch etwas müssen wir wissen: Frisches Holz saugt schnell Wasser auf. Dadurch richten sich die einzelnen Holzfasern auf. Nach dem Trocknen wird die Oberfläche rauh und borstig. Ärgerlich, wenn man bereits Farbe aufgetragen hat. Sie platzt mit Sicherheit ab. Hier hilft uns ein kleiner Trick. Vor dem Bemalen befeuchten wir den Gegenstand. Wir müssen unser Werkstück allerdings nicht in der Badewanne ertränken, ein Schwamm oder ein nasser Lederlappen genügt. Dabei saugen sich die Fasern voll Wasser, richten sich auf. Damit sie so aufgerichtet auch trocknen, lassen wir das Holz unbedingt einen Tag lang stehen. Dann glätten wir die Oberfläche mit Sandpapier (Körnung 120 bis 180). Wir legen das Sandpapier am besten um einen Holzkeil oder Kork und schleifen mit leichtem Druck immer in Faserrichtung. Von Zeit zu Zeit klopfen wir das Schleifmehl von Papier und Werkstück. Die Reste entfernen wir zunächst mit einer groben, dann mit einer feinen Bürste. Manchmal finden wir kleine Unebenheiten, die durch Stöße beim Transport entstanden sind. Durch das Aufträufeln von heißem Wasser, das die Fasern zum Quellen bringt, können wir sie beseitigen. Nach dem Trocknen schleifen wir diese Unebenheiten ebenfalls glatt.

Den abgeschliffenen Holzstaub entfernen wir zunächst mit einer Messingbürste und dann mit einer feinen Bürste.

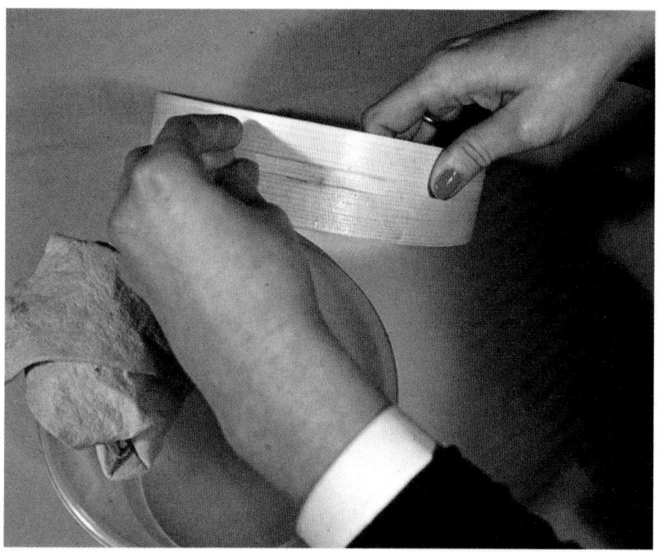

Kleine Unebenheiten in Holzoberflächen oder Spanschachteln lassen sich durch das Aufträufeln von heißem Wasser, das die Holzfasern zum Quellen bringt, beseitigen.

Bearbeitetes Holz

Zunächst müssen wir den alten Farbanstrich beseitigen. Wir nehmen dazu ein Abbeizmittel oder einen Farbentferner, den wir in jedem Farben-Fachgeschäft bekommen. Mit einem Pinsel tragen wir die Flüssigkeit auf das Werkstück auf. Nach kurzer Zeit zieht sich der alte Lack zusammen, kräuselt sich und bildet kleine Blasen. Danach können wir ihn vorsichtig mit einem Spachtel entfernen. Achten wir aber darauf, daß wir die Holzoberfläche nicht beschädigen. (Sonst müssen wir sie später wieder ausbessern). Anschließend waschen wir die Oberfläche mit einem feuchten Tuch ab, am besten verwenden wir dazu einen Lederlappen. Ein Tip für den bereits erfahrenen Bauernmaler: Manchmal lassen sich besonders reizvolle Malergebnisse erzielen, wenn man kleine Teile der alten Farbe auf dem Werkstück stehen läßt. Damit könnte zum Beispiel der »alte« Charakter eines Möbelstücks unterstrichen werden. Diese nicht vollständig abgebeizte Fläche müssen

Alte Lack- und Farbschichten müssen auf jeden Fall vor der Neubemalung abgebeizt werden.

Die abgebeizten Flächen werden mit einer Salmiakgeist-Lösung noch einmal entfettet.

Mit Holzkitt, der in verschiedenen Holzfarben angeboten wird, bessern wir kleine Unebenheiten der Holzoberfläche aus.

Größere Beschädigungen der Holzoberfläche reparieren wir mit Originalholz.

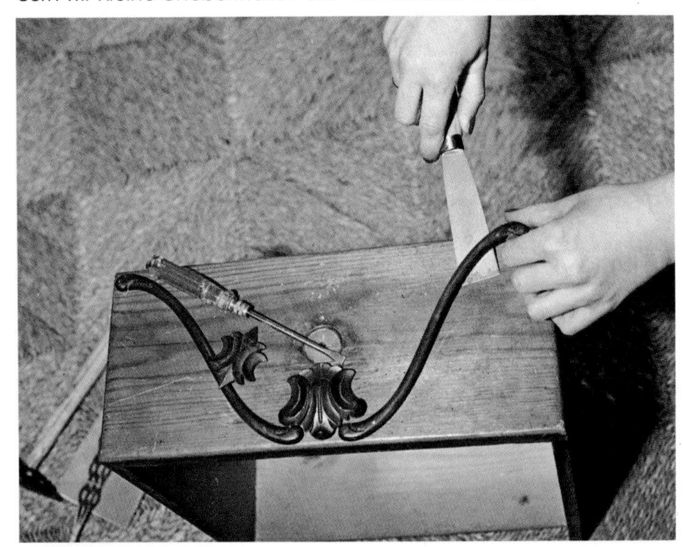

Bauernmöbel zeichnen sich durch klare und schlichte Formen aus. Unnützen Zierat entfernen wir vorsichtig.

wir jedoch ebenfalls vor dem Bemalen entfetten. Dazu mischen wir uns eine Salmiaklösung aus einem Teelöffel Salmiakgeist auf ca. einen Liter Wasser. Nach dem Entfetten rauhen wir den Lack mit Sandpapier leicht auf. Staub entfernen nicht vergessen!
Es empfiehlt sich, bei allen Abbeizarbeiten Gummihandschuhe und alte Kleidungsstücke anzuziehen, denn alle diese Flüssigkeiten ätzen stark. Vorsicht bei kleinen Kindern!
Werkstücke aus altem Holz sollten wir uns genau auf Beschädigungen ansehen. Häufig ist die Oberfläche zerkratzt, Löcher und Dellen finden wir ebenso wie abgesplitterte Kanten, Astlöcher oder Holzwurmbefall.
Kleine Löcher, Kratzer und Fehlstellen reparieren wir mit Holzkitt und einem Spachtel. Glücklicherweise gibt es Holzkitt bereits in verschiedensten Holzfarben. Wählen Sie also schon im Geschäft die passende Holzfarbe aus. Nach dem Trocknen glätten wir die reparierten Stellen mit Sandpapier.
Astlöcher sollten jedoch mit Originalholz ausgebessert werden.
Das machen wir so: Wir suchen uns gleiches Holz und schneiden daraus mit Säge oder Messer Holzscheiben oder Späne, die wir mit Holzleim bestreichen und passgenau in das Loch einsetzen. Der überstehende Leim oder Holzspäne werden nach dem Trocknen wieder abgeschliffen. (Auch Hobeln geht, aber hierfür muß man bereits etwas Erfahrung haben, wenn man nicht böse Überraschungen

erleben will). Stellen wir Holzwurmbefall fest, müssen wir uns ein Spezialmittel aus der Drogerie besorgen, um den Schädling zu beseitigen. Ihn wohlwollend zu übersehen, ist nicht zu empfehlen.
Meist sind die Möbel unserer Großeltern und Eltern, die wir durch Bauernmalerei zu neuem Leben wecken wollen, mit üppigen Schnitzwerken und sonstigem Zierat versehen. Bauernmöbel aber zeichnen sich durch klare, schlichte und einfache Formen aus. Wenn wir also möglichst stilecht malen wollen, dann müssen wir unsere Werkstücke von diesen Verzierungen befreien. Mit einem kleinen Stemmeisen und Hammer heben wir die plastischen Ornamente ab, aber vorsichtig, sonst müssen wir später umso mehr ausbessern. Anschließend glätten wir die freigelegten Stellen wieder mit einer feinen Holzfeile und Sandpapier. Manchmal fügen sich die Schnitzereien und Verzierungen so harmonisch in das Gesamtbild des Möbelstückes, daß es schade wäre, sie zu entfernen.

Wenige Blautöne, kombiniert mit Weiß haben diesen bereits ausrangierten Schlafzimmerschrank zu neuem Leben erweckt.

Arbeitsplatz und Werkzeug

Der richtige Arbeitsplatz

Die Arbeit mit unserem Hobby macht umso mehr Spaß, je mehr wir unseren Arbeitsplatz den idealen Arbeitsbedingungen für die Bauernmalerei annähern können. Ideal wäre ein eigener Raum, hell mit großem Fenster. Dazu eine große Holzplatte auf zwei Zimmermanns- oder Tischlerböcken oder einen großen Tisch. Drumherum viel Platz. Leider werden wir uns nur in den seltensten Fällen solch ideale Bedingungen schaffen können. Wer hat schon ein Atelier in seiner Wohnung. Aber eine Ecke, in der wir uns ausbreiten können, tut es auch. Wenn wir dann noch einige Grundbedingungen einhalten, steht unserer erfolgreichen Bauernmalerei nichts mehr im Wege.

1. Malen Sie, wann immer es geht, bei Tageslicht. Kunstlicht verfälscht die Farben. Zumindest prüfen Sie die Farben, die Sie vermalen, bei Tageslicht und lassen Sie sich nicht irritieren, wenn sie bei Kunstlicht anders wirken.
2. Je heller es ist, desto präziser können Sie malen. Also ran ans Fenster mit der Arbeitsplatte. Gut gesehen, ist bereits ein Teil Ihrer erfolgreichen Malerei.
3. Temperaturschwankungen lassen das Holz arbeiten. Wenn also die Sonne auf Ihren Arbeitsplatz brennt oder er sich direkt neben der Heizung befindet, kann das das Trocknen der Farben beeinträchtigen. Am günstigsten wäre ein Raum mit einer möglichst konstanten Temperatur von 20 Grad Celsius.
4. Staub ist Ihr ärgster Feind. Allzugern sammelt er sich auf der frischen Farbe. Damit Ihr Werkstück seine unversehrte Oberfläche behält, gilt es peinlich genau Staub zu wischen.

Versuchen Sie den zu bemalenden Gegenstand in Augenhöhe zu placieren.

Bild Seite 17: Tageslicht ist eine wichtige Voraussetzung für einen idealen Arbeitsplatz. Denken Sie auch daran, daß Sie möglichst viel Platz als Abstellraum zusätzlich zur großen Arbeitsfläche zur Verfügung haben.

Pelikan
LACK
SPRAY
SPIRITUS
PLAKA

5. Wählen Sie Ihren Arbeitsplatz dort, wo Sie am meisten Raum haben. Sie brauchen neben dem Werkstück genügend Platz für Farben, Mischpaletten, Farbkreis, Wassergläser, Glasschalen, Pinsel und sonstige Utensilien.
6. Machen Sie sich's bequem. Sitzen Sie beim malen! Was auch immer Sie gerade bemalen, es sollte sich möglichst in Augenhöhe befinden. Am besten wäre ein Drehstuhl mit langem Gewinde, dessen Sitz sich mühelos hoch und tief drehen läßt.

Starke Temperaturschwankungen oder zu schnelles Trocknen lassen mitunter die Holzoberfläche rissig werden.

Staub ist unser ärgster Feind. Auch nach dem Bemalen bleibt er auf der Oberfläche sichtbar.

Unser Werkzeug

Alte Handwerksmeister und erfahrene Bastler wissen es ganz genau: Zwar macht eine gute Werkzeugausrüstung nicht den Meister, aber sie verhilft dazu, schneller zum Meister zu werden. Vor allen Dingen erleichtert sie die Arbeit und bringt ganz einfach mehr Spaß. Je besser wir uns also für die verschiedenen Arbeitsgänge bei unserem Hobby rüsten, desto mehr Freude werden wir an diesen, man möchte fast sagen spannenden Tätigkeiten haben, die notwendig sind, aus einem vergammelten Stück eine kleine Kostbarkeit zu machen. Hier also deshalb eine Aufstellung einer idealen Ausrüstung:

Die Holzvorbehandlung

Wir werden grundsätzlich zweierlei Holzarten für unser Hobby vorfinden. Altes Holz, das bereits einmal bemalt oder gebeizt wurde und Rohholz. Beide Holzarten müssen vorbehandelt werden. Dazu brauchen wir: Lederlappen, Schwamm, Sandpapier (Körnung 120 bis 180), Abbeizmittel, Spiritus, Spachtel, Stemmeisen, Hammer, grobe Raspel, Holzfeile, Drahtbürste, Borstenpinsel, Holzleim, Holzkitt und Salmiakgeist.

Motiventwurf und Übertragung

Um die Motive für unsere Bauernmalerei zu entwerfen und anschließend auf das Werkstück zu übertragen, brauchen wir, je nach Arbeitsweise, folgende Dinge:
Für den Entwurf – weiche Bleistifte, einen Zirkel, Lineal und Radiergummi.
Für die Übertragung – Transparentpapier (Architektenpapier) und, wenn wir dunkle Untergründe haben, sogenanntes Schneiderpapier, dazu spitze, härtere Bleistifte, Zeichenkohle, Klebefilm, der sich leicht wieder ablösen läßt, und in besonderen Fällen einen »Storchenschnabel« oder Pantographen (mit ihm lassen sich Vorlagen beliebig verkleinern oder vergrößern).

Die Pinsel

Die Güte unserer Pinsel ist mit entscheidend für das Ergebnis unserer Arbeit. Daran sollten wir denken, wenn wir die Pinsel kaufen. Greifen wir hier, wenn es notwendig ist, lieber etwas tiefer in die Tasche und wählen Qualität. Am besten geeignet für die Bauernmalerei sind weiche Rundhaarpinsel.

Für das Grundieren nehmen wir am besten weiche Borstenpinsel (flach oder rund), üblich sind Pinsel bis zu 6 Zentimeter Breite.
Zum Malen der Motive kaufen wir Fehhaar-, Rindshaar- oder Marderpinsel (Größe 2 bis 7).
Damit wir recht lange Freude an den Pinseln haben, müssen wir sie pflegen. Haarpinsel bleiben uns lange erhalten, wenn wir sie nach jedem Gebrauch mit Seife auswaschen. Danach trocknen wir jeden Pinsel einzeln in einem sauberen, fusselfreien Tuch mit einer drehenden Bewegung; dabei erhält die Quaste wieder ihre spitze Form. Danach legen wir ihn hin oder stellen ihn mit der Quaste nach oben in einen Behälter, zum Beispiel in ein leeres Glas.
Pinsel, die achtlos mit der Quaste nach unten aufbewahrt werden, stauchen; die Haare brechen, die Quaste wird unbrauchbar. Man erkennt das daran, daß die Haare in der Spitze nicht mehr zusammenlaufen, wenn man den Pinsel aus dem Wasser nimmt, oder daß die Quaste zur Seite steht. Pflegen wir also unsere Qualitätspinsel. Wir sparen Geld und haben mehr Spaß an unserer Bauernmalerei.

Mischpaletten

Weiteres wichtiges Werkzeug, das wir benötigen, sind Mischpaletten. Nicht immer werden wir mit den Farbtönen auskommen, die wir im Fachgeschäft erhalten. Wir werden uns selbst neue Nuancen wählen und mischen. Wie der Kunstmaler benutzen wir am besten dazu eine Mischpalette. Einige Hersteller liefern in ihren Bauernmalsets zusammen mit den Farben praxisgerechte Mischpaletten. Darüber hinaus benötigen wir noch weitere kleine Glasschälchen und größere Behälter (z. B. kleine Plastikeimer) zum Anmischen der Farben.

Malstock

Der Malstock ist ein wichtiges Hilfsmittel, das uns während des Malens sehr nützliche Dienste leistet. Er ist ca. 60 cm lang, rund, 10 bis 12 mm Durchmesser und hat auf der einen Seite ein mit Leinen umwickeltes

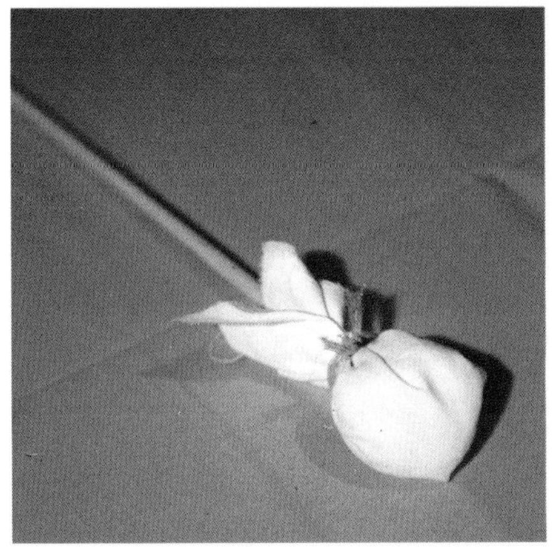

Einen Malstock kann man sich leicht selbst basteln.

Watteböllchen. Während des Malens stützt man dieses Bällchen auf dem Werkstückrand auf. Die Malhand hat so eine Stütze, die verhindert, daß man versehentlich die frische Farbe mit dem Handballen verwischt.

Bei Arbeiten, die auf dem Tisch ausgeführt werden, reicht eine Malbrücke. Zwei gleichdicke Bücher, darüber ein steifes Lineal gelegt, helfen hier die Hand abzustützen. Immer bereitstellen sollten wir uns ein kleines Holzbrettchen zum Ausprobieren der Farbwirkung, und mehrere, mit klarem Wasser gefüllte Wassergläser sowie einen fusselfreien Leinenlappen.

Pinsel nie mit der Quaste nach unten aufbewahren!

Symmetrie in der Bemalung ist typisch für die historische Bauernmalerei. Die hier verwendeten C- und S-Linien wurden aus Rocaillenvorlagen entwickelt.

Auf Motivsuche

Die typischen Motive der Bauernmalerei

Wenn wir uns in Museen oder historischen Gebäuden die alten Stücke, Möbel und Truhen unserer Vorfahren anschauen, die mit Bauernmotiven bemalt worden sind, sehen wir, daß die Motive fast alle aus der unmittelbaren Umgebung der damaligen Laienkünstler stammen. Die Rose, seit altersher Königin der Blumen, wurde geradezu zum Symbol der Bauernmalerei. Wir finden sie in allen Darstellungsformen, symbolisch, naturalistisch, exakt und geometrisch wie mit dem Zirkel aus der Kreisform entwickelt und dann wieder beschwingt freihändig und voller Phantasie hingetupft. Der Tulpe begegnen wir nicht weniger häufig. Meist wurde sie im Profil dargestellt, damit ihre charakteristische Form richtig zur Geltung kommen konnte. Weniger naturalistisch gemalt, umso häufiger aber abstrakt begegnen wir der Chrysantheme, der Pfingstrose, die ja auch Bauernrose genannt wird, und der Nelke auf den historischen Truhen und Schränken. Außerdem, sicher weil sie sich so leicht malen läßt, finden wir neben Rose, Tulpe, Chrysantheme und Nelke noch eine andere »große« Blume, die Margerite. Dieses beliebte Zeichenmotiv von Kindern für Geburtstage und andere Gratulationen trifft sicher auch unter den Hobby-Bauernmaler bereits auf sie trainierte »Künstler«. Die Glockenblumen aber bilden in der Bauernmalerei das schmückende Beiwerk. Farbenfroh ordnen sie sich zu den großen Blumen, umranken sie im bunten Reigen. Maiglöckchen, Tränende Herzen, aber auch Lilien sind in den Arrangements zu finden. Für uns, die wir uns ja erst als Bauernmaler versuchen wollen, ist eigentlich entscheidend, daß sich alle Blumenmotive aus reinen geometrischen Formen ableiten lassen. Wir können sie also »konstruieren« und durch unsere Ausmaltechnik variieren. Damit beginnt nun unsere eigene Gestaltung. Was wollen wir malen? Stellen wir uns unsere Motive zusammen, dekorativ, farbenfroh, im Stil aufeinander abgestimmt. Denn darauf müssen wir achten. Zu einer aus freier Hand gemalten Rose paßt die exakt aus der geometrischen Form entwickelte Tulpe bestimmt nicht. Entweder bleiben wir naturalistisch, geometrisch oder symbolhaftnaiv. Zwischenräume werden mit Blattwerk und Blüten ausgefüllt. Dabei achten wir darauf, daß wir keine Löcher und Lücken entstehen lassen, die wir nachträglich nur schwer in unserem Motiv wieder füllen können. Je nach Geschmack füllen wir die Zwischenräume des Bouquets mit Phantasieblättern aus. Alle Blätter und Stengel sollen mit Schwung gemalt werden. Für unser Gesamtgebinde wählen wir dann einen Rahmen, der in Form und Farbe auf das Hauptmotiv abgestimmt ist. Er soll unser Blumengebinde dekorativ unterstützen und hervorheben. Hierbei müssen wir aber darauf achten, daß uns die Begeisterung über einen gelungenen Rahmen nicht dazu verführt, ihn so zu gestalten, daß er unser Hauptmotiv überstrahlt und erschlägt. Nicht ganz so häufig wie die Blumenmotive

finden wir auf den historischen Stücken Darstellungen von Menschen und Tieren. Vielleicht versuchen wir uns auch daran. Doch müssen wir dabei bedenken, daß es nicht so einfach ist, freihändig z. B. eine Trachtengruppe zu zeichnen. Hier empfiehlt sich das Motiv zum Beispiel von einem Buch, einer Postkarte oder einer sonstigen Abbildung zu übertragen, etwa mit dem Storchenschnabel (Pantograph).
Als Motiv geeignet ist einfach alles, was sich in das Dorfmilieu einfügen läßt. Auf alten Truhen sehr beliebt waren Bilder aus der heimischen Vogelwelt. Phantasievögel und Fabeltiere dagegen wurden nur sehr selten gemalt. So etwas war nicht Einfall der einfachen Handwerker. Szenen aus dem religiösen und dem bäuerlichen Leben wie Kirchgang, Hochzeit, Ernte und Dorftanz finden wir aus gleichem Grunde häufiger als Traumbilder oder Schlösser und Burgen. Bauern auf dem Feld, Reiter, Jäger, Katen und Bauernhöfe, einfache Landschaften, Bäume und Gärten geben uns heute noch ein anschauliches Bild über damalige Lebensgewohnheiten und Trachten. Mitunter gab ein Bauer dem Künstler den Auftrag sein Portrait auf einem Möbelstück zu verewigen. Und manchmal gelang das dem Laienkünstler erstaunlich gut!

Szenen aus der Natur oder aus dem bäuerlichen Leben waren die Motive der alten Bauernmaler. Bei den drei kleinen Abbildungen oben zeigt sich der aufgeriebene Spiegel besonders deutlich.

Durch wenige Farben wurde diese ehemals düstere Herrenzimmer-Uhr zum belebenden Teil einer Wohndiele.

So entwickeln und konstruieren wir Motive:

Die Blüten

Wir haben für Sie einige schematische Darstellungen vorbereitet, die Ihnen helfen sollen, selbst einzelne Blüten zu entwickeln. Grundform ist dabei der Kreis bzw. das Oval. Konstruieren wir zuerst eine Rose. Mit dem Zirkel schlagen wir zwei verschieden große Kreise, die sich oben berühren. Danach ziehen wir zwei Linien im Winkel von jeweils 90 Grad, dann zwei weitere Linien durch den gleichen Schnittpunkt. Jetzt ergeben sich Linien, die jeweils in einem Winkel von 45 Grad zueinander stehen. Mit diesen sich kreuzenden Linien legen Sie die Größe der Blütenblätter fest, die sich jetzt perspektivisch als Halbkreise zwischen dem inneren und äußeren Kreis einzeichnen lassen. Wenn wir nun den äußeren Kreis und die Querlinien vorsichtig ausradieren, haben wir die Rose bereits in ihrer Grundform vor uns. Die weiteren Aufrisse zeigen Ihnen, wie sie ebenfalls aus Kreis oder Oval alle anderen Blüten entwickeln können. Ebenso sehen Sie, wie Sie durch die spätere Ausführung festlegen können, ob Sie die Rose naturalistisch, symbolisch oder geometrisch gestalten. Bitte denken Sie aber immer daran: Die einmal gewählte Darstellungsart ist verbindlich für die gesamte Malerei auf einem Werkstück. Alle Motive entwickeln wir zuerst auf dem Papier. Später, wenn wir geübt genug sind, können wir gelegentlich gleich auf dem Werkstück beginnen. Aus Erfahrung möchten wir jedoch empfehlen, auch dann sehr vorsichtig mit der sofortigen Ausführung von Motiven ohne Vorlage umzugehen.

Hier und auf den nachfolgenden Seiten einige Beispiele für Rahmen und Begrenzungen sowie für Aufbau und Verfeinerung verschiedener Blütenformen.

Blätter und Stengel

Blätter, Ranken und Stengel sind verbindende Elemente unserer Malerei. Bei ihnen kommt es weniger auf die naturgetreue Darstellung als auf die der dekorativen Wirkung an. Je nach Entwurf und Laune füllen wir mit schlanken Phantasieblättern die Zwischenräume zu den Blüten aus. Achten wir darauf, daß wir Blätter und Stengel fast nie gerade und rechtwinklig anordnen. Meist ist das schlanke Oval Ausgangspunkt und Hilfslinie. Je schwungvoller sich Blätter und Stengel zeigen, je aparter und reizvoller ist anschließend die Gesamtwirkung. Im Kapitel Maltechniken sagen wir Ihnen, wie sich diese schwungvolle Malerei üben läßt. Oft wachsen aus einem Stengel mehrere Blätter und Blüten, mehrere Stengel vereinigen sich zu einem Flechtwerk oder lassen sich zu einem Strauß arrangieren. Blätter und Stengel sorgen für die farbliche Auflockerung und den optischen Zusammenhalt der Blüten.

Gefäße

Interessant ist, daß in der historischen Bauernmalerei bei der Darstellung von Blumensträußen streng auf ein geeignetes Gefäß geachtet wurde. Typisch sind Vasen, Schalen, Krüge und Körbe in unterschiedlichsten Formen, Farben und Größen.
Wollen wir also stilecht malen, dann verwenden wir besondere Sorgfalt auf die Auswahl unseres Gefäßes. Wichtig ist auch hier wieder, daß alles aufeinander abgestimmt wird. Farbe, Motiv und Stil unserer Malerei, aber auch die Form, die wir unserem Gefäß geben wollen, müssen zueinander passen. Zu einem filigrangearbeiteten Blumenstrauß paßt am ehesten eine zarte Vase, etwa im Rokoko- oder Empirestil. Eine rustikal gemalte Rose macht sich am besten in einem ein-

fachen Korb. Vergessen wir nicht, daß auch das Gefäß Beiwerk ist, unser Hauptmotiv also nicht erschlagen werden darf. Dementsprechend wählen wir dezente Farben, wie etwa Ocker, Hell- oder Dunkelbraun, aber auch gebrochene Farben aus dem Hauptmotiv. In den meisten Fällen empfiehlt es sich, den Farbton des Gefäßes auf die Untergrundfarbe (Grundierung) abzustimmen, sozusagen Ton in Ton: Auf einen hellblauen Grund paßt zum Beispiel eine dunkelblaue Vase.

Rahmen und Randfelder

Wenn wir uns die historischen Stücke der Bauernmalerei betrachten, fällt uns auf, daß die Motive selten allein im Raum oder auf großen Flächen stehen. Immer sind sie eingegrenzt, von Ornamenten oder Rahmenlinien, einfachen oder komplizierten Mustern umschlossen, die meist noch durch besondere Farbuntergründe von der Umgebung abgehoben sind. Die Möglichkeiten dazu sind nahezu unbegrenzt. Sie reichen vom einfachen Streifen, die um das Bild gelegt werden, bis hin zu komplizierten Blatt- und Blumenmotiven, Ranken, Girlanden und aus der Geometrie entwickelte Formen wie Kreise, Halbkreise, Karos oder Rauten. Oft finden wir eine ganz eigenwillige Form, die Rocaille, (von Roc = Stein). Sie stammt aus dem Rokoko, das starken Einfluß auf die Bauernmalerei hatte. Charakteristisch sind symmetrische und asymmetrische Muschelformen, die im Laufe der Zeit zu häufig anzutreffenden C- und S-Bögen vereinfacht wurden. Sie lassen sich beliebig miteinander kombinieren und gewissermaßen als verbundene Ausrufungszeichen um unser Hauptmotiv gruppieren. Nie sollte allerdings das Rahmenornament unser Hauptmotiv beengen oder unterdrücken. Wir haben alle Möglichkeiten, doch wie so oft ist weniger meist mehr. Die verkleinerte Blüte des Hauptmotivs als Girlande wirkt sehr attraktiv.
Je farbenprächtiger unser Motiv ist, je mehr Einzelmotive wir verwenden, desto zurückhaltender sollten unsere

Umrandungen sein. Meist genügt schon eine Punktlinie oder ein einfacher Strich, um die gewünschte Wirkung zu erzielen. Ist jedoch unser Hauptmotiv ruhig, dann können wir mit der Randgestaltung Lebhaftes hinzubringen. Auch so werden wir die Aufmerksamkeit auf unser Hauptmotiv lenken. Grundregel sollte jedoch dabei sein: Wir verwenden für die Randgestaltung meist nur Farbtöne, die wir bereits im Hauptmotiv verwendet haben. Ton in Ton ist also auch hier besonders wirksam.

Abschließend wollen wir uns noch einprägen:

Jede Bauernmalerei ist gekennzeichnet durch eine Vielfalt der Motive und Farben, großzügig vereinen sie sich zu einem Bild der Lebensfreude und des natürlichen Empfindens für die Farbenpracht der Natur. Vermeiden wir also Kleinlichkeit in unserer Gesamtgestaltung. Nutzen wir die Flächen soweit als möglich für unsere Malerei.

Wir zeigen Ihnen bewußt eine Reihe unterschiedlichster Motive und Ornamente, alle typisch für die Bauernmalerei. Sie geben einen Überblick über die geradezu unerschöpflichen Gestaltungsmöglichkeiten. Legen Sie sich darum im eigenen Interesse nicht gleich auf wenige bestimmte Motive fest.

Es fällt einem später leichter, eigene Kompositionen zu entwickeln, wenn man sich mit den vorhandenen Motiven auseinandergesetzt hat und somit die Fülle der möglichen Kombinationen kennt. So sollten wir einfache Motive erst einmal durchpausen und zu Kompositionen zusammenfügen. Später versuchen wir sie zu konstruieren und zwar mit Zirkel und Lineal. Erst wenn wir Gefühl für die einzelnen Formen entwickelt haben, gewissermaßen das klassische Repertoire kennen, beginnen wir mit freihändigen Entwürfen. Dann können wir auch neue, selbstentwickelte Ornamente oder Motive den Kompositionen hinzufügen. So finden wir am schnellsten den Weg zu eigener Meisterschaft und eigenem Stil.

Die vier Phasen des einfachen Bemalens:

1. *Die Motive werden einfarbig ausgemalt.*
2. *Nun werden Stiele und Blätter gemalt, sie ergeben den Zusammenhalt.*
3. *Die Farben bekommen nun Schattierungen, es werden Lichter aufgesetzt.*
4. *Punkte und Schattierungen steigern die Wirkung der Motive und Patina gibt den letzten Schliff.* *(Abb. Seite 29)*

Zwei Dielenschränke. Grundieren oder nicht grundieren? Entscheidend ist die Umgebung, in der der Schrank stehen soll.

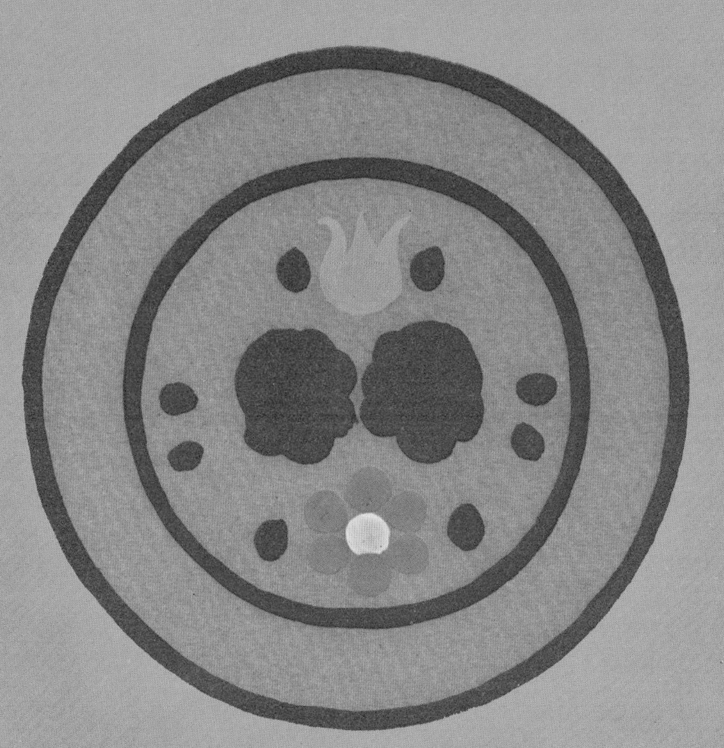

Unsere Farben

Sie hatten so ihre Geheimnisse beim Mischen der Farben, die ländlichen Handwerker und Laienmaler, die im 18. und 19. Jahrhundert die reizvollen Motivkompositionen der Bauernmalerei schufen. Denn jeder mußte sich seine Farben selbst mischen. Zwar fanden sie alle Grundstoffe, die sie benötigten, in ihrer unmittelbaren Umgebung: Kienruß, Ochsenblut, Sud von grünen Walnußschalen, die mit Kasein, einem Abfallprodukt der Käsebereitung, gebunden wurden, aber mancher hatte eben doch ein leuchtenderes Rot oder Grün, ein fetteres Blau oder Braun. Im letzten Drittel des 18. Jahrhunderts, gegen 1770, kamen dann Ölfarben, Wachsfarbstifte und auch farbige Kreiden dazu. Wollen wir möglichst stilgetreu malen, so liegt es nah, daß wir für unsere Bauernmalerei versuchen, eine ähnliche Farbzusammensetzung zu finden, ohne uns allerdings der Mühe unterziehen zu wollen, die Farben etwa aus Ochsenblut oder sonstigen Naturprodukten selbst herzustellen.
Alle Gegenstände, die Sie in diesem Buch abgebildet finden, wurden mit Pelikan-Plaka bemalt, einer modernen Kasein-Emulsionsfarbe. Ihre Zusammensetzung kommt den ursprünglichen Bauernmalfarben am nächsten, wirkt am typischsten und ist daher für unser Hobby besonders geeignet. Plaka trocknet samtartig matt auf und gibt dadurch in sehr überzeugender Weise den »alten bäuerlichen Charakter« wieder.

Die wichtigsten Plaka-Farbtöne, die wir für unser Hobby brauchen, sind in einem speziellen »Bauernmalerei-Set« zusammengestellt. Außerdem finden wir noch 33 weitere Farbtöne in der Plakareihe, die wir in entsprechenden Geschäften im Einzelglas, in Dosen, in Eimern, ja sogar in Spraydosen kaufen können. Zum besonderen Schutz kann man Plaka mit Patina überziehen oder mit farblosem matten oder glänzendem Lack versehen.
Und trotzdem, nicht immer wird die angebotene Farbpalette all unsere Wünsche abdecken. Zwischentöne werden notwendig, die wir uns dann eben selbst mischen müssen. Um hier alle Möglichkeiten auszuschöpfen, stellen wir uns am besten einen Farbkreis zusammen. Dazu brauchen wir ein sauberes Brett, das wir natürlich vorbehandelt haben. Danach zeichnen wir uns mit einem feinen Bleistift eine richtige Uhr auf das Brett. Die Zeiger können wir aller-

Bei dieser Truhe mischte man die Farben noch selbst (Norddeutschland, Mitte 18. Jahrhundert).

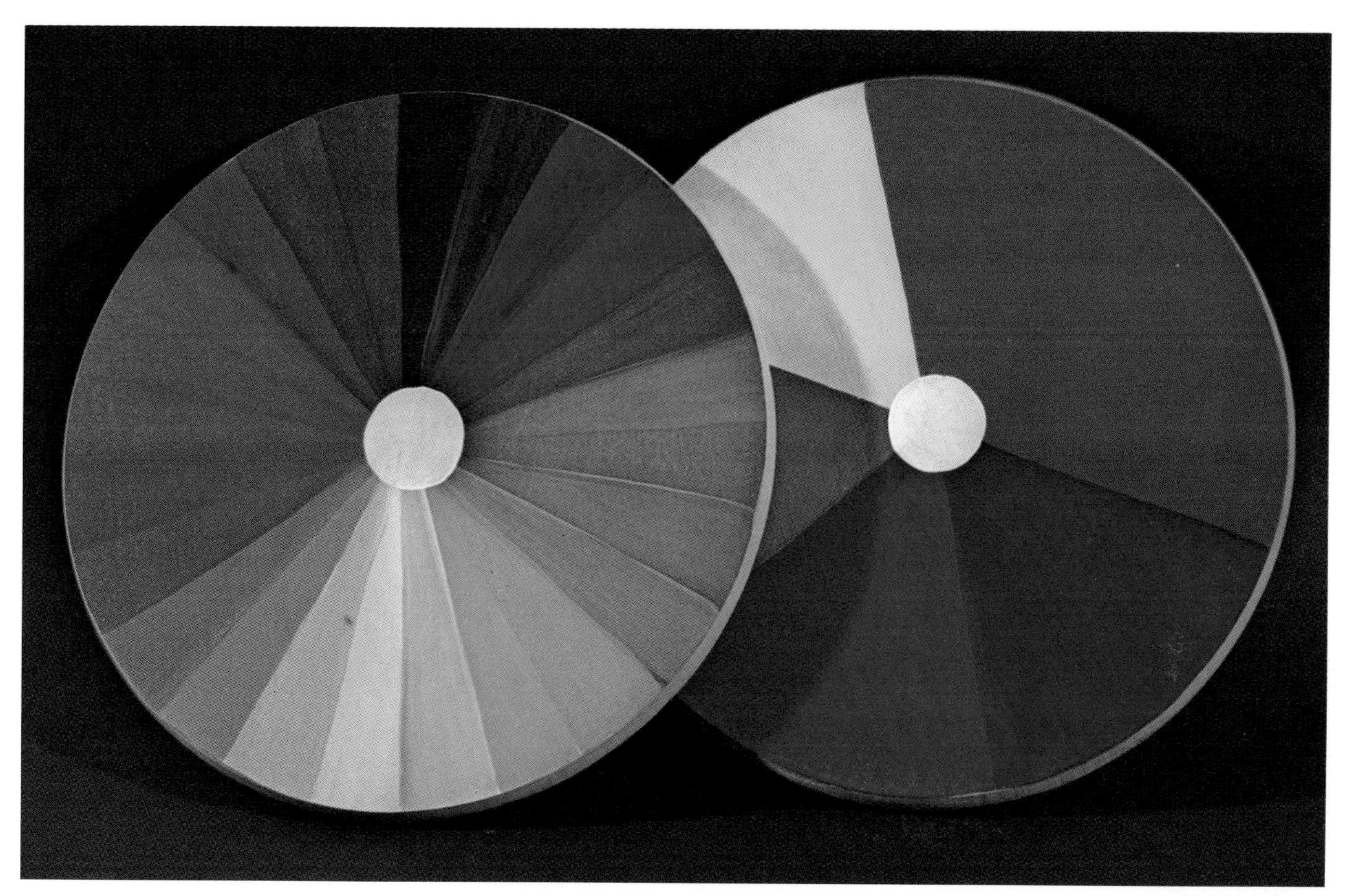

dings dabei vergessen. Die Zahlen sollten dabei möglichst weit auseinanderstehen. Jetzt tragen wir die drei Grundfarben Gelb, Rot und Blau auf die 12, die 4 und die 8 unserer Uhr auf. Die Mischfarben erster Ordnung, Orange, Violett und Grün, setzen wir auf die 2, die 6 und die 10. Dieses System können wir nun beliebig fortsetzen, in dem wir immer die benachbarten Farben miteinander mischen. Suchen wir dann für unsere Malerei weiche Übergänge, verwenden wir Farbtöne, die nebeneinander liegen. Unserem Farbkreis können wir entnehmen, welche Farben wir zu mischen haben. Ein Holzbrett haben wir dazu gewählt, um von Anfang an den richtigen Eindruck der Farbwirkungen zu gewinnen. Merken wir uns: Nebeneinander liegende Farben schaffen weiche Übergänge, Farben, die sich im Farbkreis gegenüberstehen, ergeben die stärksten Kontraste, z. B. Rot und Grün.

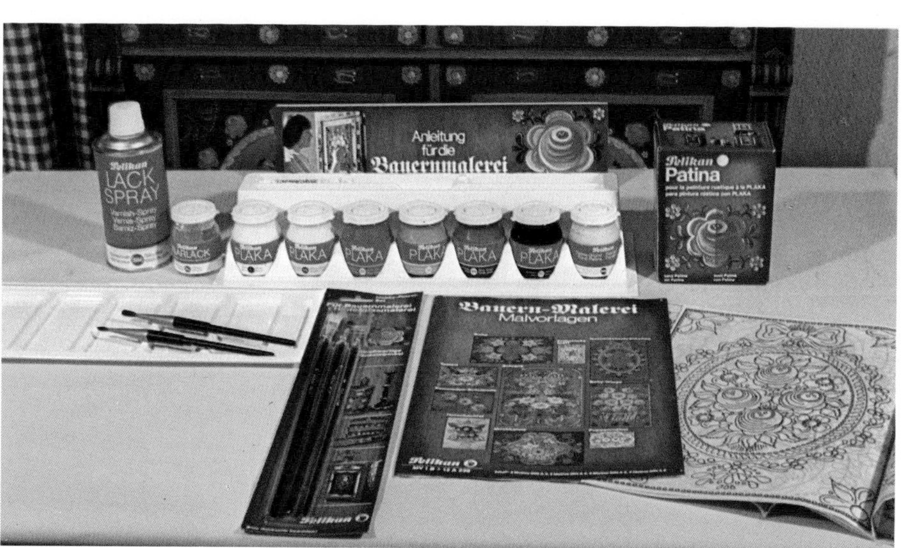

Bild oben: Zwischentöne lassen sich am besten auf einem selbstgemalten Farbkreis bestimmen.

Bild unten: Für den Anfänger besonders geeignet: Bauernmalset mit Pinsel und Malvorlagen.

Das Grundieren

Wir kennen unser Werkstück und wissen, welche Motive wir wählen können bzw. wollen. So entscheiden wir uns für eine Grundfarbe, mit der wir unser Werkstück nach der Holzvorbehandlung bemalen und somit grundieren. Je nach Gesamtfläche, die wir grundieren müssen, brauchen wir unterschiedliche Farbmengen. Deshalb füllen wir uns die notwendige Farbmenge aus der Plakadose ab, mischen die Farbe mit Wasser an (bis zu 10% Wasser), damit sie die richtige Streichfähigkeit bekommt und rühren sie in einem größeren Gefäß an. Dabei sind wir großzügig und richten uns etwas mehr Farbe her, als wir brauchen werden. Vielleicht müssen wir später etwas ausbessern. Aus unserem Pinselvorrat wählen wir einen breiten Pinsel mit weichen Borsten (siehe Kapitel Werkzeug). Dann tunken wir den Pinsel in die Farbe, streifen die überflüssige Farbe leicht ab und führen den Pinsel gleich-

Unser Werkstück grundieren wir mit einem breiten Borstenpinsel in Richtung der Holzfaser.

Durch zu viel Farbe im Pinsel kann es zu sogenannten Überstrichen kommen, die wir sofort vermalen müssen. Nur so sichern wir uns einen gleichmäßigen Malgrund.

Mischen Sie sich für die Grundierung stets eine genügende Menge Farbe an.

ORA ET LABORA
·ANNO·1791·

mäßig in Richtung der Holzmaserung. So verhindern wir, daß der Farbauftrag streifig wird.
Plaka hat den Vorteil, daß es gut und leicht aus dem Pinsel fließt. Außerdem ermöglicht es einen langen Strich; wichtig besonders an Ecken und aufgesetzten Leisten. Enthält nämlich der Pinsel zu viel Farbe, kann es an Ecken und Kanten zu sogenannten Überstrichen kommen; die Farbe staut sich. Diese Überstriche müssen natürlich ganz schnell wieder vermalt werden. Auch dem größten Könner passiert es, daß einmal eine Grundierung mißlingt. Der Farbanstrich ist ungleichmäßig, an bestimmten Stellen hat sich die Farbe gestaut. Mißlich, aber kein Beinbruch. Wir lassen unser Werkstück ca. 24 Stunden in einem Raum mit ca. 20 Grad Celsius trocknen. Danach versuchen wir es ein zweites Mal. Gelingt auch diese Grundierung nicht zu unserer Zufriedenheit, hindert uns niemand, es ein drittes Mal zu versuchen. Jedoch ist stets die Trockenzeit zu beachten, denn Naß auf Naß bringt uns keinen Erfolg, im Gegenteil, wir verlieren nur Zeit. Diese Trockenzeiten müssen wir natürlich auch beachten, wenn wir an die Übertragung von Motiven gehen.

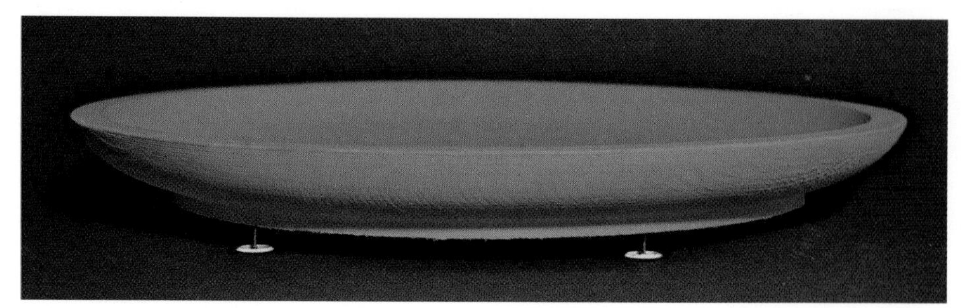

Ein kleiner Trick: Gegenstände mit einer glatten Oberfläche kann man gut auf den Spitzen von 3 bis 4 Reißnägeln trocknen lassen.

Wie man Motive zusammenstellt und überträgt

Wir kennen unser Werkstück und haben eine Vorstellung davon, wie es später aussehen soll. Trotzdem: Ehe wir mit dem Übertragen unserer Motive auf das Werkstück beginnen, machen wir uns eine möglichst maßstabgerechte Vorskizze. Wir legen ganz genau fest, welche Motive wir verwenden wollen, wo sie ihren Platz auf unserem Werkstück finden, wie groß wir sie ausführen möchten und welche Farben wir verwenden wollen. Je besser wir planen, umso besser wird nachher das Ergebnis unserer Arbeit. Bedenken wir dabei, daß Schränke und Kommoden Griffe, Schlüssellöcher, Schubladen, Knöpfe usw. haben, die wir in unsere Gestaltung immer mit einbeziehen sollten. Darum: Bei größeren Objekten auch immer Detailentwürfe fertigen! Skizzieren wir uns also ruhig, was wie wohin kommen soll, entscheiden wir uns für bestimmte Blüten, Blätter, Stengel, Randverzierungen oder sonstige Figuren, die wir aufs Holz bringen wollen. (Wie wäre es z. B. mit

Wir überlegen uns ganz genau, wie unser Motiv aussehen soll. Darum fertigen wir uns eine maßstabgerechte Vorskizze.

Bevor wir uns für eine bestimmte Farbe entscheiden, sollten wir ihre Wirkung auf unserer Grundierung testen.

. . . wie wär's mit naiver Malerei?

Bei größeren Motiven bzw. Motivkombinationen empfiehlt es sich, die Vorzeichnung bereits farbig anzulegen.

Naiver Malerei?) Aber entscheiden wir uns, ehe wir den ersten Pinselstrich tun. Meist reichen am Anfang für die Entwurfsarbeiten einfache Bleistift-Skizzen. Aber bereits dann, wenn wir etwas besonders präzise ausführen wollen, empfiehlt es sich, diese Vorzeichnungen bereits farbig anzulegen. Wir können dann die Wirkung besser beurteilen und unsere Vorstellungen konkretisieren. Wenn uns unser erster Entwurf nicht gefällt, können wir jetzt noch alles ändern, ohne uns über unnütze Arbeit zu ärgern. Schauen wir uns also genau an, mit welchen Ornamenten wir unser Hauptmotiv unterstützen und prüfen wir, ob unser Beiwerk es vielleicht zu sehr belastet oder gar erschlägt. Vor allem kommt es darauf an, die Farben harmonisch zu komponieren. Dunkle Untergründe verlangen helle Motivfarben und umgekehrt. Doch nehmen Sie das nicht unbedingt als feste Regel. Mitunter ist Dunkel auf Dunkel ein reizvoller Effekt, der unserem Werkstück besondere Eigenheit verleiht.
Während die Grundierung möglichst keine Mischfarbe sein sollte, können wir für unsere Hauptmotive jede Mischfarbe einsetzen. Hier noch einmal der Rat: Mischen Sie sich für die Grundierung einen genügend großen Vorrat an Farbe. Oft muß man die Grundierung später hie und da ausbessern. Ist dann nicht mehr die alte Farbe vorhanden, ist guter Rat teuer, besonders, wenn sie die Farbe zusammengemischt haben, denn kaum jemals gelingt es, diesen Farbton noch einmal zu treffen.
Wir sagten es schon. Motive werden zusammengestellt, wir kombinieren sie. Dem Anfänger wird es zunächst nicht leicht fallen, freihändig Motive zu entwerfen, auch wenn er sich unserer Hinweise zur Entwicklung von Blüten aus geometrischen Formen bedient. Am einfachsten ist es für ihn, vorerst einmal Motive direkt abzumalen bzw. durchzupausen. So bekommt man am

ehesten ein Gefühl für die richtigen Proportionen und die Gestaltung der echten Bauernmalerei. Entwürfe und Bauernmalerei-Motivvorlagen gibt es in den verschiedensten Größen in allen Farb-, Bastel- und Zeichengeschäften.
Später, wenn wir uns sicherer fühlen, macht es riesigen Spaß, spontan und mit freier Hand eigene Motive und Darstellungen zu entwickeln. Trauen Sie es sich ruhig zu. Es geht besser als man anfangs glauben will. Bauernmalerei lebt eben von spontaner, nicht konstruierender Darstellung.
Trotz ihrer Vielfalt und geradezu unendlichen Motivbreite gibt es für den Bauernmaler bzw. die Bauernmalerei zwei Regeln. Die Gestaltung ist fast immer symmetrisch. Wenn Ihnen das schwierig vorkommt, hier ein kleiner Tip: Wir halbieren unseren Bogen Transparentpapier und falten ihn in der Mitte. Jetzt zeichnen wir die Motive auf die eine Hälfte. Dann legen wir die zweite, bis jetzt unbemalte Seite über unsere Zeichnungen und zeichnen die durchscheinenden Konturen nach. Auseinandergefaltet ist unser Entwurf mit Sicherheit symmetrisch.
Über die zweite Grundvoraussetzung haben wir bereits gesprochen. Bauernmalerei ist großzügig. Eine kleine Blume auf einer großen Schranktür entspricht nicht dem Anliegen der Bauernmalerei. Verteilen Sie die Blüten auf die gesamte zu bemalende Fläche und füllen Sie die Zwischenräume mit Blättern und Stengeln, Umrandungen und sonstigen Verzierungen, bis die gewählte Fläche aus- und aufgefüllt ist.
Abschließend noch ein Hinweis zur Zusammenstellung: Bei der ersten Grobskizze müssen wir nicht immer bereits die gesamten Feinheiten berücksichtigen. Es genügt, wenn wir die Grundformen unserer Motive einsetzen, einen Kreis für eine Rose, ein Oval für die Tulpe, einfache

Für die Vergrößerung oder Verkleinerung von Motiven können wir einen Pantographen (Storchenschnabel) benutzen.

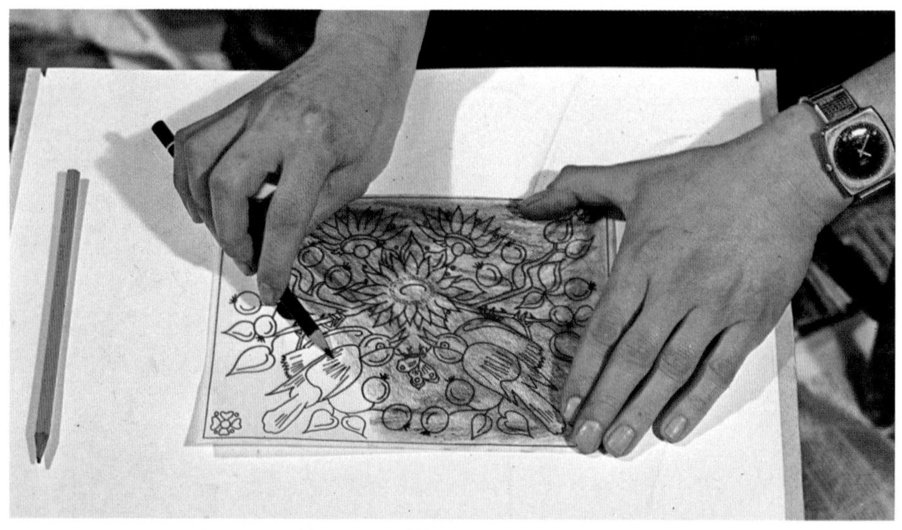
Wenn wir unser Motiv von der Vorlage auf Transparentpapier abgepaust haben, färben wir die Rückseite des Transparentpapiers mit Zeichenkohle oder einem weichen Bleistift vollständig ein.

Striche für Blattwerk und Stengel, für Zierrahmen und Rocaillen sowie für unser gewähltes Gefäß.
Haben wir unseren Entwurf angefertigt, empfiehlt es sich, daraus eine Feinvorlage im Verhältnis 1 : 1 zu zeichnen. Jetzt kommt der Storchenschnabel, der Pantograph zum Zug. Mit ihm können wir nun beliebig Vergrößern oder Verkleinern. Haben wir keinen Storchenschnabel zur Verfügung, helfen wir uns mit Millimeterpapier oder selbstgefertigten Liniengittern. Dabei zeichnen wir über unseren Entwurf ein Gitter von Linien im Abstand von einem Zentimeter. Auf weißem Zeichenpapier tragen wir jetzt ein entsprechend der gewünschten Größe dimensioniertes zweites Gitter mit einem Linienabstand von zwei oder mehr Zentimeter auf. Anschließend übertragen wir Gitterinhalt für Gitterinhalt vom Entwurf auf unser Zeichenpapier. Gleich, ob wir nun mit dem Storchenschnabel oder dem Liniengitter gearbeitet haben, in beiden Fällen verfahren wir wie folgt weiter. Wir legen ein großes Blatt Transparentpapier, es ist mindestens so groß wie die zu bemalende Fläche, über unsere 1 : 1 Vorlage. Damit es nicht rutscht, befestigten wir es mit Klebestreifen. Danach fahren wir die durchscheinenden Konturen unserer Vorlage nach, am besten mit einem spitzen Bleistift. Nun können wir unseren Entwurf übertragen.
Zwei Möglichkeiten bieten sich an. Je nach Farbe des Untergrunds, der Grundierung, wählen wir Zeichenkohle oder sogenanntes Schneiderpapier. Ist der Untergrund hell, drehen wir unser Transparentpapier um und färben die Rückseite mit Zeichenkohle ein, es geht auch mit einem weichen Bleistift. Wir schraffieren einfach die ganze Fläche. Danach befestigen wir den Bogen mit Klebestreifen auf unserem Werkstück (Malfläche), die eingefärbte Seite kommt nach unten. Wenn wir jetzt die gemalten Konturen mit einem gespitzten Bleistift nachfahren, zeichnen sich die einzelnen Umrisse auf dem Werkstück ab.
Ist unser Untergrund dunkel, legen wir zwischen Transparentpapier und Werkstück den Bogen »Schneider-Papier«. Wenn wir nun ebenfalls unsere Linien nachfahren, ergeben sich auf dem Werkstück gelbe bzw. weiße Konturen auf der dunklen Grundierung. Aber hüten wir uns vor Durchschreib- und Kohlepapier. Sie sind absolut ungeeignet für das Übertragen von Motiven auf Holzuntergrund. Ihre Abdrücke bleiben später durch die Farbe auch nach mehrmaligem Farbauftrag sichtbar und zerstören unsere Arbeit.

Bei dunkler Grundierung legen wir zwischen Motivvorlage und Werkstück sogenanntes Schneiderpapier.

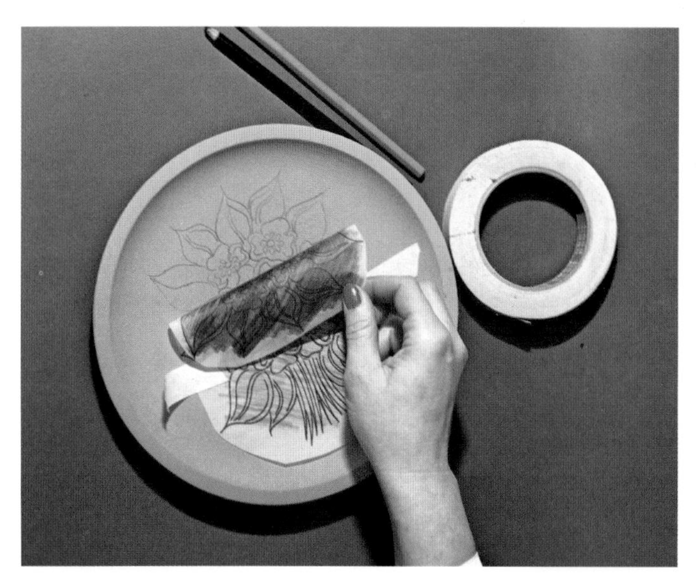

Bei einer hellen Grundierung nehmen wir Transparentpapier für die Motivübertragung.

Verwenden Sie niemals Durchschlag- oder Kohlepapier! Die Umrißlinien bleiben auch nach der Bemalung sichtbar!

Maltechniken

Waren Sie schon einmal in einem Klavierkonzert? Haben Sie beobachten können, wie der Pianist vor Beginn seine Finger und Handgelenke lockert? Er spielt gewissermaßen »trocken« Klavier.
Auch für uns sollte die Malerei gewissermaßen »trocken« beginnen. Ursprünglichkeit, Schwung und Spontanität sind die Kennzeichen der Bauernmalerei. Wir wollen unseren alten Vorbildern darin nicht nachstehen. Fangen wir deshalb mit einem Training unserer Handgelenke an, machen wir uns fit, ebenso schwungvoll zu malen wie sie. Dazu führen wir in der Luft kreisende Bewegungen der Hand aus dem Handgelenk aus. Arme ausstrecken, natürlich ganz unverkrampft bleiben, und die Hände aus dem Handgelenk drehen. Wichtig, daß wir dabei uns immer lockerer gehen lassen. Wir werden schneller. Bereits nach 30 bis 40 Sekunden spüren wir, wie sich die Muskeln lösen und wie sich unsere Handgelenke entspannen. Jetzt nehmen wir uns große Bogen, es darf auch Zeitungspapier sein, tauchen einen mittleren Pinsel in eine beliebige Farbe und probieren auf dem Papier Schwünge. Damit dies nicht nur der Lockerung allein dient, sondern uns gleich eine notwendige Technik lernen läßt, machen wir diese Großschwungübung so: Wir füllen einen angefeuchteten Pinsel zur Hälfte mit Farbe, setzen ihn steil auf

Mit solchen Großschwungübungen trainieren wir das freihändige Malen von Blättern, Stengeln und Rocaillen.

Um frische Farben nicht zu verwischen, bauen wir uns eine Malbrücke aus zwei gleichdicken Büchern und einem Lineal.

Beim Ausmalen von senkrechten Flächen sollten Sie einen Malstock verwenden.

den Malgrund (Zeitungspapier) und tupfen einen dicken Punkt auf das Papier. Jetzt ziehen wir den Pinsel zum Körper und heben ihn langsam ab. Wir haben dabei ein mehr oder weniger schwungvolles Komma gemalt. Diese Übung wiederholen wir. Wir merken bald, worauf es dabei ankommt, werden schwungvoller und unsere Kommas immer eleganter. Diese »Kommatechnik« hilft uns später beim schwungvollen Malen von Blättern und Blütenstengeln. Wenn wir die Kommas (Drittel- oder Viertelkreise) beherrschen, führen wir sie zu Halbkreisen oder »S«-Linien weiter. Es dauert nicht lange und wir haben keine Schwierigkeiten mehr, einen Zweig oder Blütenstengel freihändig auf unser Werkstück zu bringen.
Wir haben es schon erwähnt: Beim Malen darf die malende Hand nie auf der Malfläche anliegen! Auch wenn uns das anfangs etwas schwer fällt, gewöhnen wir uns doch lieber gleich daran. Nur so vermeiden wir, daß in einer einzigen unachtsamen Sekunde durch die aufliegende Hand unser Werkstück durch das Verwischen frischer Farbe ruiniert wird. Sicher, wir können alles wieder abbeizen, neu grundieren, die Motive neu übertragen und noch einmal von vorn beginnen, Spaß macht das allerdings nur in seltenen Fällen. Also weg mit der Malhand vom bemalten Untergrund. Aber diese Gefahr des Verwischens ist nicht der einzige Grund für diese Forderung. Die aufliegende Hand bremst Malfluß und Schwung. Ein »Trotzdem-Versuch« wird uns hier schnell überzeugen. Wer am Anfang noch unsicher in seinen Malbewegungen ist, der darf kurzfristig die Malhand auf die andere Hand legen oder den kleinen Finger als Stütze auf den Malgrund aufsetzen. Aber günstiger ist es, wenn wir uns gleich des Malstocks (siehe Kapitel Werkzeug) bedienen. Fassen Sie das eine Ende des Stocks mit der nichtmalenden Hand und legen sie das Kugelende auf das Bild oder den Werkstückrand. Die Malhand findet jetzt mit der Handkante überall eine feste und sichere Stütze, ohne Gefahr, dabei die frische Malerei zu verwischen.

Für das Ziehen von Linien verwenden wir ein Lineal. Wir halten es schräg auf den Malgrund. Aber anders als Bleistift oder Feder führen wir den Pinsel nicht an der unteren Kante des Lineals entlang, sondern setzen den Pinsel an der oberen Kante an und führen ihn an ihr entlang. Auch hier empfiehlt es sich, dieses Vorgehen erst einmal auf dem Papier zu üben. Wenn wir Rahmen und Randfelder aufbringen möchten, kleben wir einfach die angrenzenden Flächen ab.

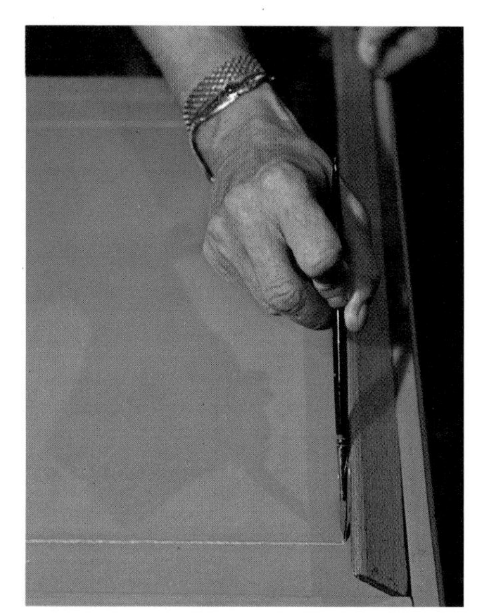

Gerade Striche ziehen wir mit Hilfe eines Lineals. Wir führen den Pinsel an der Oberkante des Lineals entlang.

Bei Rahmen und begrenzten Feldern kleben wir die angrenzenden Flächen ab.

Hier müssen wir nur darauf achten, daß die dem Pinsel zugewandte Seite wirklich festklebt, denn sonst schummelt sich unsere Farbe unter den Klebstreifen und wir erleben beim Abziehen böse Überraschungen. Grundsätzlich gilt: Zuviel Feuchtigkeit – Wasser oder Farbe – im Pinsel ist gefährlich. Die Malerei wird ungenau und unsauber. Deshalb streifen wir den Pinsel vor jedem Malvorgang in einem sauberen Leinenlappen ab. Dabei legen wir die Quaste in den Lappen und drehen den Pinsel dabei. So bekommt die Quaste jedesmal aufs neue die nötige spitze Form.

Besonders schwungvolle Motive wie Blätter, Ranken und Blütenstengel sollten wir stets aus freier Hand und ohne abzusetzen malen. Nur so erzielen wir die gewünschte Ursprünglichkeit unserer Malerei. Für das Ausmalen unserer übertragenen Motive haben wir nun mehrere Möglichkeiten. Letztlich kommt es darauf an, ob wir uns schon sicher genug fühlen, die am weitestverbreitete Technik der »Naß-in-Naß-Malerei« zu benutzen oder ob wir lieber langsamer vorgehen und uns erst noch ein bißchen trainieren wollen. Wie der Name es schon sagt, wird bei der Naß-in-Naß-Methode in die noch feuchte Farbe mit einer helleren oder dunkleren Farbe hineingemalt. Zum Beispiel haben wir eine Rosenkontur rot ausgemalt. Eigentlich ist unser Motiv eine rote Fläche mit einem Umriß einer Rose. Wenn wir aber in die noch frische rote Farbe weiße oder schwarze Konturen malen,

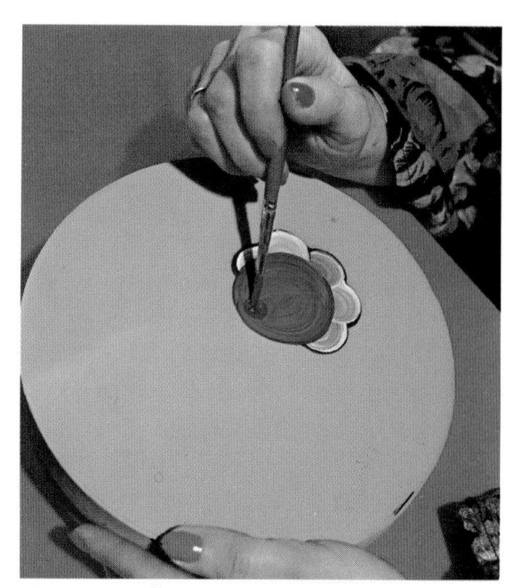

Mit einiger Übung können wir bald Blüten aus freier Hand malen.

ergeben sich plastische Licht- und Schattenwirkungen, die für die Bauernmalerei ganz charakteristisch sind. Diese Maltechnik verlangt nach einer zügig arbeitenden Hand. Wer sich aber noch nicht für solch zügiges Malen entscheiden kann, wer sich lieber erst langsam heranwagen möchte, der braucht auf solche Effekte natürlich nicht zu verzichten. In einem solchen Fall gehen wir eben anders vor.

Zuerst malen wir all die vorgezeichneten Flächen aus, die einen gemeinsamen Farbton haben. Zum Beispiel werden alle Rosenmotive mit Rot ausgelegt. Hier lassen sich bereits reizvolle Variationen der Grundfarbe Rot dadurch schaffen, daß man ihr andere Farben beimengt, das Standardrot also »bricht«. Haben wir alle Rot-Flächen ausgemalt, nehmen wir uns die nächste Farbe, z. B. Grün, vor und verfahren genau so wie bei Rot. Dann kommt die nächste Farbe dran usw. Dann lassen wir unsere Malerei trocknen. Um jetzt die plastischen Licht- und Schattenwirkungen zu erreichen, müssen wir uns der sogenannten »2-Farb-Technik« bedienen. Um »Lichter« aufzusetzen, nehmen wir die Farbe Weiß in den Pinsel, tauchen ihn anschließend in die Farbe des zu bemalenden Grundtons (z. B. Rot) und malen mit schnellen Strichen die gewünschten Konturen auf unseren Rosenumriß. Wollen wir Schatten einbringen, nehmen wir schwarze Farbe statt der weißen. Aber wieder verwenden wir Schwarz zusammen mit der Grundfarbe des Motivs. Wenn wir schon mehr Übung besitzen, können wir uns daran wagen, gleichzeitig mit zwei Farben zu arbeiten. Dabei taucht man den Pinsel beispielsweise zuerst in Rot und dann in Schwarz und malt eine Rosenkontur aus. Da die Farben ungleichmäßig aus dem Pinsel fließen, ergeben sich ganz von selbst plastische Schattenwirkungen. Nehmen wir

Naß-in-Naß-Malerei setzt zügiges Arbeiten voraus. Hier werden in die noch nasse rote Farbe mit Weiß Lichter eingebracht.

Variationen der Grundfarben erzielt man durch Beifügung von anderen Farben.

Zweifarbentechnik: Zusammen mit der Blattfarbe Grün werden hier weiße Lichter gesetzt.

Als Anfänger malen wir zuerst die großen Flächen mit den Hauptfarben aus. Nach dem Trocknen bringen wir mit Weiß oder Schwarz Lichter oder Schatten auf.

Ausmalen von Rosen in Zweifarbtechnik.

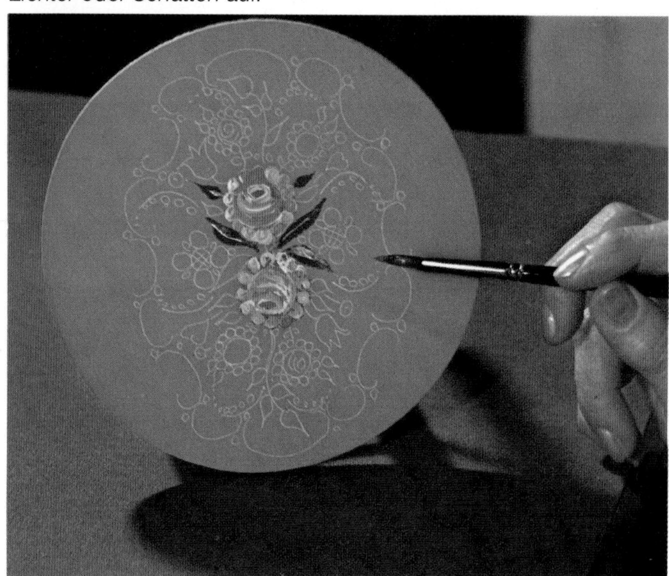

Die Wirkung unserer Motive läßt sich erheblich steigern, wenn wir auf die gemalten Flächen Punkte, Striche usw. aufbringen.

zusammen mit Rot die Farbe Weiß in den Pinsel, erhalten wir »Lichter«. Nach dem Trocknen können wir uns nun jederzeit an die Feinarbeiten machen. Die Wirkung unserer Motive läßt sich erheblich steigern, wenn wir auf die Motive Punkte, kleine Striche oder Schraffuren aufbringen. Zum Beispiel angedeutete Staubgefäße in Blüten oder andere spielerische Elemente, die allerdings zur gesamten Gestaltung passen müssen. Schade, wenn eine symbolisch aufgefaßte Blüte durch Naturalismus zu einem Zwitter würde.
Abschließend möchten wir noch bemerken: Niemals wird in der Bauernmalerei nur eine Farbe im Motiv verwendet!
Scheuen Sie sich nicht, alle Techniken zuerst auf dem Papier zu üben, auszuprobieren und die Wirkung zu studieren. Hier gilt, im Gegensatz zu unserem Werkstück, ganz besonders der Satz: Papier ist geduldig!

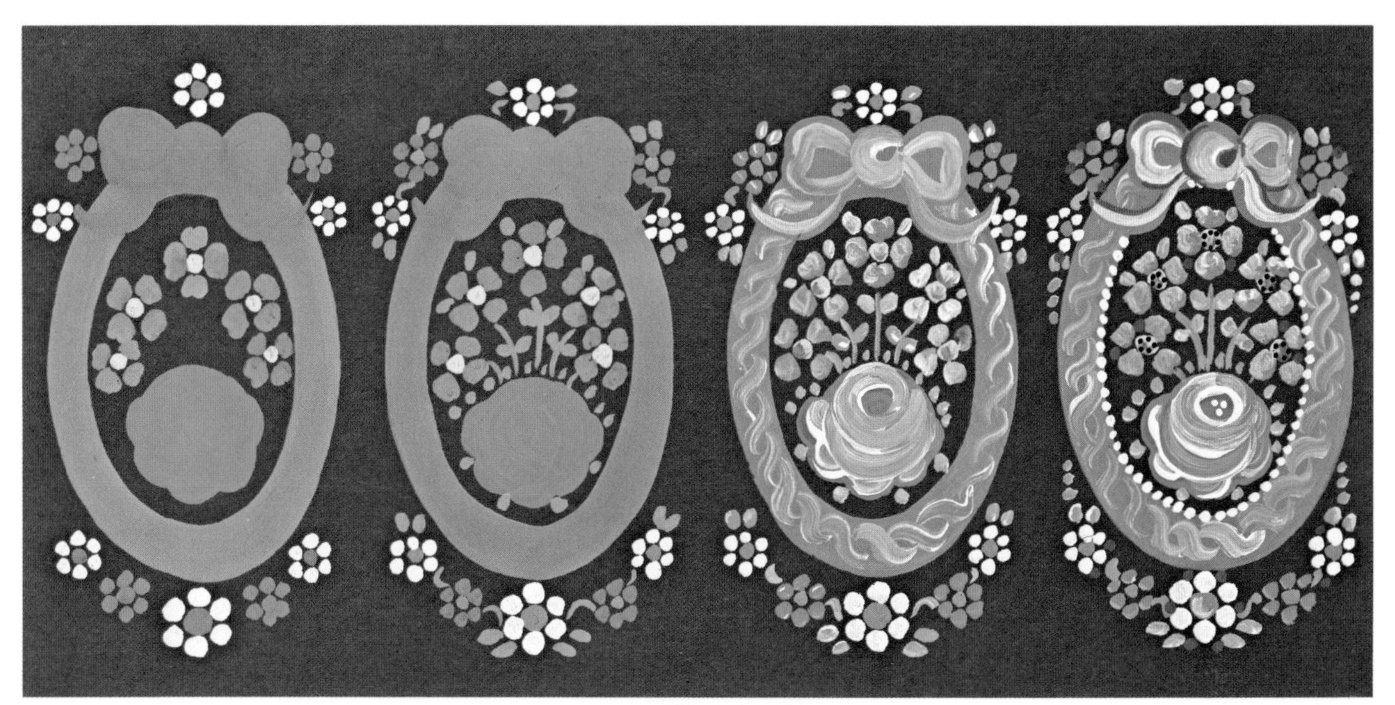

Durch Hinzufügen von Punkten, Schraffuren oder Strichen sowie durch Aufsetzen von Lichtern oder Schatten können wir unser Motiv verfeinern.

Diese einfache Spanholz-Truhe wurde durch Bauernmalerei zum Schmuckstück.

Pflegen und patinieren

Viele mit Bauernmalerei verzierte historische Möbel in Museen und historischen Gebäuden bestechen durch ihr altes Erscheinungsbild, durch den Schimmer des Alters, durch die Patina, die sich im Laufe von Jahrhunderten über sie gelegt hat. Doch nicht immer ist dieser alte Glanz Ergebnis von Ruß und Schmutz vieler Jahre. Bereits der dörfliche Laienmaler aus der Ursprungszeit der Bauernmalerei kannte das Geheimnis künstlicher Patina, künstlicher Alterung, wenn auch dieser Farbüberzug hauptsächlich dazu diente, die frische Malerei vor Beschädigungen zu schützen. Damals wie heute war es so, daß der, dem Besonderes gelang, gesuchter war als ein anderer. So ist es ganz natürlich, daß damals auch die Zusammensetzung dieser künstlichen Patina streng gehütetes Geheimnis der alten Bauernmaler waren. Glücklicherweise müssen wir uns heutzutage nicht erst als Alchimisten und Chemiker versuchen, um zu solch künstlicher Patina zu kommen. Wir können sie im Laden kaufen. Am besten nehmen wir Patina-Grund und Patina-Color.

Das Patinieren ist gewissermaßen Abschluß und Krönung unserer Arbeit. Patina gibt unseren Werkstücken den letzten Schliff. Wenn unser Werkstück vollständig trocken ist, bei normaler Feuchtigkeit und

Patina-Grund schützt unsere Malerei vor Beschädigung. Daher unbedingt Patina-Grund verwenden.

Abb. Seite 47: Schrank 1831. Die schöne Patina des Schrankes ist auch hier nicht im Laufe der Jahrzehnte entstanden, sondern wurde schon damals aufgebracht.

Raumtemperatur von 20 Grad Celsius nach 24 Stunden, tragen wir mit einem weichen Pinsel zuerst Patina-Grund auf die gesamte Fläche auf und lassen alles 30 Minuten trocknen. Patina-Grund legt sich wie ein Film über die Malerei, verschließt die Poren und gibt unserer Arbeit einen dauerhaften Schutz. Patina-Grund dämpft die Leuchtkraft der Farben, sie harmonisieren sich und werden dezenter.
Die richtige »alte« Wirkung schaffen wir aber erst mit Patina-Color. Sie wird aus der Tube auf einen fusselfreien Leinenlappen gedrückt und über die gesamte Fläche verteilt. Das Motiv »altert« dabei unter unseren Händen. Die Tönung dringt in die Holz- und Malstruktur ein. Jetzt wischen wir mit einem sauberen, trockenen Leinenlappen in kreisenden Bewegungen den Überschuß der dunklen Farbe wieder ab. Einen ganz besonderen Effekt erzielen wir, wenn wir den für die historische Bauernmalerei charakteristischen »Spiegel« entstehen lassen. Das machen wir so: Wir tragen Patina-Color auf die gesamte Malfläche auf. Anschließend reiben wir von der Mitte zum Rand in weichem Übergang die Patina-Color wieder herunter. In der Mitte viel, ja fast ganz, zum Rand hin immer weniger. Wichtig sind die geradezu unmerklichen Übergänge von der fast Patina-Color-freien Mitte bis zum gut bestrichenen Rand. Kanten und Ecken wirken jetzt dunkler, die gemalten Flächen heller. Unser Spiegel ist aufgetragen.
Danach lassen wir unser Werkstück noch einmal 24 Stunden trocknen. Dann ist es fertig.

Reinigung und Pflege

Unsere mit Bauernmalerei bemalten Gegenstände sind wie Bilder, lediglich daß wir Bilder seltener benutzen als einen bemalten Schrank, Kommode oder Schlüsselkasten. Was wir aber täglich verwenden, nützt sich ab. Damit wir nicht einen zu schnellen »Alterungsprozeß« erleben, sollten wir unseren Möbeln, Bügeln oder Spanschachteln die richtige Pflege angedeihen lassen. Doch Vorsicht: Zuviel schadet meist mehr als es nützt. Am besten, wir beschränken uns aufs Staubwischen. Ein weiches Tuch, ein feiner Pinsel, genügen meist. Nur, wenn auf der Malerei sich einmal ein hartnäckiger Fleck einnistet, sollte man feucht reinigen, aber auch hier nichts anderes als klares

Patina-Color auftragen.

. . . verteilen

Wasser ohne Zusätze verwenden. Auf keinen Fall Möbelschaum oder ein anderes Mittel, mag man es auch noch so anpreisen. Starkes Reiben mit einem Tuch oder Schwamm ist ebenfalls von Übel, denn jede mechanische Beanspruchung der Maloberfläche kann der Malerei schaden. Denken wir daran, daß die, wenn auch vielleicht auf den ersten Blick nicht sichtbare Zerstörung der ungleichmäßigen Maloberfläche (Pinselstrukturen, Poren usw.) durch Reiben oder beizende Flüssigkeiten spezielle Angriffsflächen für den Staub schafft. Gerade hier setzt er sich besonders gern ab. Gleichen Effekt erzielen Möbelwachs oder Möbelpolitur. Sie sammeln sich in den kleinen Unebenheiten und Poren der Holzoberfläche und wirken hier als besondere Staubfänger. Immer häufiger sieht die Hausfrau sich gezwungen, das Stück zu reinigen. Auf diese Weise kann durch ständiges Reiben die Malerei leiden. Es ist klar, daß wir umso länger Freude an unserem Werkstück haben, je weniger wir die Malerei berühren oder sonstwie bearbeiten. Und was das Holz betrifft: Die Farbe bietet ausreichenden Schutz für die Holzoberfläche.

... Spiegel aufreiben.
Beachten Sie bitte: Patina-Color nur auftragen, wenn das Werkstück vorher mit Patina-Grund versiegelt worden ist. Sie zerstören sonst Ihre Malerei!

Abbildung Seite 50: Bei diesem Schrank ist der »Spiegel« besonders gut gelungen.

Kleine Kostbarkeiten als Geschenk - selbst gemacht

Wie oft stehen wir vor der Frage, was wir Menschen, die uns nahestehen, zu besonderen Gelegenheiten schenken sollen. Meist besitzen sie schon all die Dinge, die uns einfallen, manchmal haben wir keine Information über etwa fehlenden Hausrat. Bücher sind schön, aber welchen Titel soll man wählen, Hier haben wir in unserem Hobby einen idealen Helfer. Jeder Mensch freut sich über ein kleines Schmuckstück aus Holz. Und wenn man weiß, daß wir es selbst bemalt haben, gewinnt es jenen Wert, der eigentlich ein persönliches Geschenk auszeichnen soll. Und meist läßt es sich im Alltag benützen. Da gibt es Spanschachteln zum Aufbewahren von Krimskrams, ein Brett mit Kleiderhaken, ein Schlüsselbord, eine Garderobe mit hübsch verzierten Bügeln, Kerzenständer in unterschiedlichster Form und Auswahl, Blumenübertöpfe, passende Holzschuhe, Eierbecher, Holzteller, aber auch ausgediente Kaffeemühlen, Milch- und Gießkannen, die sich mit Bauernmalerei in neuem Glanz präsentieren. Bereits bei dieser kleinen Auswahl von Geschenk-Ideen zeigt sich, daß unserem Einfallsreichtum keine Grenzen gesetzt sind. Fast alles läßt sich mit Bauernmalerei-Motiven und Farben verschönen, verändern und zu einer persönlichen Gabe umgestalten. Ein Gewürzbord, als Massenware sicher kein besonderes Geschenk, von uns selbst aber mit neuen Motiven bemalt, ist ein schönes individuelles Geschenk mit persönlicher Note.

Alle hier gezeigten Geschenk-Ideen können Sie als Rohholzgegenstände in den Bastelabteilungen der Kaufhäuser oder in Bastel- und Do-it-jourself-Läden kaufen.

Geradezu unbegrenzt sind die Möglichkeiten, Gegenstände aus unterschiedlichen Materialien mit Bauernmalerei zu verschönern.

Ob aus Ton, Steingut oder Metall – die in heiteren Farben ausgeführten Einfälle des Hobby-Bauernmalers machen aus simplen Gebrauchsgegenständen kleine Kostbarkeiten.

Altes Rad und neues Butterfaß. Gleiche Farben und Motive verbinden unterschiedliches Alter und nicht verwandte Formen zu sympathischer Einheit.

Dieser alte Steintopf wurde zur aparten Bodenvase.

Ein Rohholzstuhl und eine Milchkanne, im gleichen Stil bemalt, wurden hier zum attraktiven Schmuck eines Vorplatzes.

Wohnen mit Bauernmalerei

Je mehr man sich mit der Bauernmalerei beschäftigt, gewissermaßen von diesem Hobby durchdrungen wird, desto vielfältiger werden die Ideen für neue Gestaltungen. Eines Tages ist der erste Schrank bemalt, der bis dahin im Keller oder auf dem Boden herumstand. Eine Truhe passend dazu wurde entdeckt. Ganz langsam hat man in einem Zimmer einige »Stilmöbel« in Bauernart stehen. Der Anfang zu einem Zimmer im Bauernstil ist gemacht. Jetzt sollten Sie aber planen, suchen, bis Sie Stücke finden, die Ihr Zimmer vervollständigen. Was Sie dazu brauchen? Lust, sehr viel Liebe und Geduld, eine Nase für die richtigen »Rumpelkammern«, in denen Sie alte Schränke, Stühle, Tische und Truhen finden, die sonst niemand mehr haben möchte und Plaka-Farbe. Daß solches Vorhaben durchaus Realität werden kann, beweisen die Fotos auf den folgenden Seiten.

»Ausrangiertes« wurde hier zu einer reizvollen Flurgarderobe vereint.

Mit Resten der Deckenfarbe wurden Bett (Jahrgang 1925) und Kommode grundiert und anschließend mit Motiven aus der Bauernmalerei bemalt.

Das Schlafzimmer

Irgendwo findet man durch Zufall sicher noch alte Bettgestelle. Eigentlich gehören sie auf den Sperrmüll, wenn man nicht so ein altmodisches Ding wie einen Feuerherd oder Ofen hat, wo sie kurzfristig noch einmal Wärme spenden. Halt! Für den Hobby-Bauernmaler beginnt hier ein Abenteuer ganz eigener Art. Für ihn sind solche Dinge der Ausgangspunkt zu einem ganz neuen Schlafzimmer. Wie er die alten Möbel vorbehandelt, weiß er, denn er hat es oft genug geübt. Abbeizen, ausbessern, glattschleifen, grundieren, er weiß, wie die alten Bretter neuen Glanz bekommen. Natürlich macht er sich erst einen Entwurf. Bayrisches Blau bildet den Grundton. Um die kühle Atmosphäre, die den Schlaf so fördert, nicht durch allzuviel Verzierungen zu stören, geht er sparsam und dezent mit ihnen um und überlegt ganz genau, wo er den Blickfang des Zimmers schafft. Jetzt gilt es nicht nur ein Werkstück zu gestalten, auf die Wirkung des ganzen Zimmers kommt es an. Die Kommode ist neben den Betten der geeignete Ort für ihn um sein ganzes Können spielen zu lassen. Hier hat er mit üppiger und farbenfroher Bemalung nicht gespart; die bunten Sträuße bringen Leben ins Zimmer. Jetzt bleibt ihm nur noch, die Zutaten zu bestimmen. Ein Fleckerlteppich, alte weiße Spitzengardinen, blaue Bettlaken und blauweiße Stoffe für Bettbezüge und Übergardinen. Ein dekorativer Kornährenstrauß unterstreicht die bäuerliche Einrichtung. Wir verraten Ihnen ungern, daß wir dieses Zimmer in Niedersachsen gefunden haben.

Wir verraten Ihnen nur ungern, daß wir dieses »Bayerische Zimmer« in Niedersachsen gefunden haben.

Arbeitszimmer einer Hobby-Bauernmalerin. Ein alter Küchenschrank wurde zum Blickfang.

Wohn- und Arbeitszimmer

Das Beispiel eines Wohnzimmers zeigt, daß man in der Bauernmalerei reizvolle Wirkungen auch mit weniger Farbe erzielen kann. Selbstverständlich, wir sind ja nicht an Auflagen gebunden und nirgendwo steht geschrieben, daß man die erlernte Technik nicht auch für ganz andere Malerei verwenden dürfe.
Hier sind nur drei Farben kombiniert worden, wenn man Weiß dazu rechnet. Ansonsten steht zum dunklen Ultramarin ein helles Blau. Alle Motive sind Ton in Ton gemalt.
Das Arbeitszimmer eines Hobby-Bauernmalers könnte auch das Zimmer eines Schülers sein. Wichtigstes Möbelstück ist der Arbeitstisch, auffallendstes die alte Küchenanrichte, die den Blickfang des Raumes ausmacht. Wenn man genau hinsieht, entdeckt man, daß hier Möbel aller möglichen Stilrichtungen zusammengestellt wurden. Eigentlich eine Rumpelkammer. Aber Farben und Motive der Bauernmalerei schaffen aus dieser Vielfalt ein einheitliches Ganzes.

Wohnzimmer im Dachgeschoß. Nur drei Farben (Ton-in-Ton) wurden zusammen mit Weiß verwendet. Die unterschiedlichen Stile der Möbel wirken durch die Bemalung zusammengehörend.

Eine Küche im Bauernstil kann schnell zum gemütlichen Wohn-Mittelpunkt werden.

Türen, Küche, Terrasse und Garten

Von besonderem Reiz kann eine Kücheneinrichtung in Bauernmalerei in einem »schrecklich« modernen Neubau sein, einem jener Wohnsilos, die bis vor kurzer Zeit Ausdruck technischer Kreativität eines Architekten waren. Bringen wir doch mit frischen Farben, helle und luftige Atmosphäre in diesen funktionalen Raum. Wenn die Küche – durch Zufall – groß genug ist, könnte hier ein gemütlicher Mittelpunkt der ganzen Wohnung entstehen. Bei jeder Party werden Sie staunen, wo sich die meisten Gäste aufhalten.
Wenn man einzelne Möbelstücke durch Bauernmalerei verzaubern kann, dann liegt es auf der Hand, daß man es mit einzelnen Teilen in der Wohnung ebenso kann. Wie wäre es also mit einer entsprechend bemalten Tür? Zugegeben, diese alte Rundbogentür hat den Hausbesitzer geradezu dazu verführt, aber auch einfache Türen lassen sich so mit rustikalen Elementen und gedämpften Farben bemalen und in den Gesamtraum als Blickpunkt einbeziehen. Denken wir daran, daß wir mit unseren Farben auch eine Art Farb-Dramaturgie machen können. Helle Farben lassen die Gegenstände leicht und beschwingt wirken. Dunkle Farbtöne, die ins Bräunliche und ins Bläuliche gehen, besonders in der Kombination mit Rot, machen wuchtig und schwer.

Wollen Sie nicht Ihren Dachboden ausbauen? Nur Mut, mit der Bauernmalerei-Maltechnik im Hintergrund haben sie ein relativ billiges Mittel in der Hand, die eventuell arg primitiv wirkenden Holzpfeiler und Streben zu verschönern. Wie gefällt Ihnen unser Beispiel, übrigens so kann man auch einen möglichen Stützpfeiler auf Veranda und Balkon angehen.

Haben Sie noch Fensterläden zum Garten? Dann haben Sie die Möglichkeit, zusätzlich Farbe in Ihrem »Park« zu schaffen. Warum sollen Fensterläden immer grün sein. Lassen Sie sich doch ein paar hübsche Motive für sie einfallen. Und wenn Sie möglicherweise im Keller noch einige alte Stühle aus Ihrer »Anfangszeit« stehen haben, machen Sie aus ihnen einfach »alte Bauernstühle«. Mit einer dicken Schicht Seidenglanzlack versehen, trotzen sie sogar Wind und Wetter.

Ob Rundbogentür, Gästezimmer oder ausgebautes Dachgeschoß – immer setzt Bauernmalerei reizvolle, individuelle Akzente.

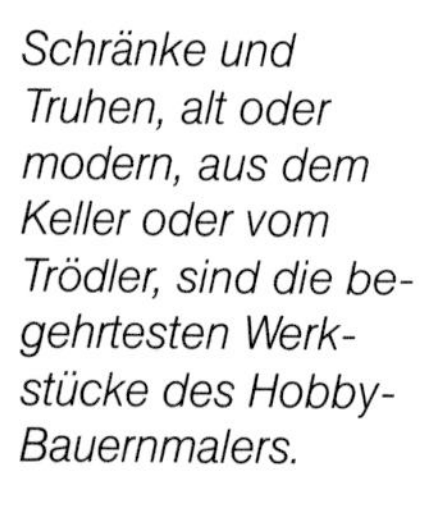

Schränke und Truhen, alt oder modern, aus dem Keller oder vom Trödler, sind die begehrtesten Werkstücke des Hobby-Bauernmalers.

Puppenstuben, und was aus ihnen werden kann

Wie gefällt Ihnen diese Puppenstube? Diese zierlichen Schmuckstücke sich in der Hand von robusten Kindern vorzustellen, es scheint einem nicht unbedingt angenehm, aber vielleicht empfinden das unsere Lieblinge ebenso. Vielleicht lernen sie gerade hier, daß es Dinge gibt, die man sorgsam und vorsichtig behandeln sollte, damit sie einem recht lange Freude bereiten.

Im Prinzip ist das Basteln einer neuen Puppenstube ebenso problemlos wie das Aufmöbeln einer alten bereits ausgedienten. Die Wände bestehen aus einfachen Tischlerbrettern, geleimt und genagelt, die weiß angestrichen werden. Vergessen Sie nicht die Fensteröffnungen vorher aus den entsprechenden Wänden herauszusägen. Vielleicht bringen Sie außen ein Paar Fensterläden, natürlich bemalt, an. Bettzeug, Tischdecken, Gardinen und Teppiche findet man in der Nähkiste oder beim Ausverkauf in einem Stoffgeschäft. Für Bettfüllungen nehmen wir kleine Schaumstoffscheibchen. Die Puppen-Möbel aus rohem Holz bekommen Sie in einschlägigen Bastelgeschäften. Alles andere wie gehabt. Diese Mini-Möbel werden genau wie die großen vorbehandelt und nach gleichen Methoden bemalt. Aber verwenden Sie keine Patina. Kinder mögen frische Farben. Nehmen Sie Klarlack. Als Puppenfamilie kommt natürlich nur eine Bauernfamilie in Frage. Aber eine solche Puppenstube ist nicht bloß ein Geschenk für Kinder – und nicht nur für Geburtstage oder

Puppenstuben mit Bauernmalerei. Ein besonderer Spaß für alle, die Freude an kleinen und kleinsten Malereien haben.

Weihnachten. Wir wissen von einem sehr prominenten Mann, der sich zu einem hohen Ehrentage riesig über eine solche Schmuck-Puppenstube gefreut hat. Sie steht in seinem Haus auf einem bevorzugten Platz und ist ständig Mittelpunkt des Besucher-Interesses.

Bei Puppenstuben-Möbeln empfiehlt sich statt Patina-Color Klarlack zu verwenden.

Wo wir Anregungen finden

Frische Eindrücke, originelle Anregungen, das Lob unserer Freunde und Bekannten sind sicher die häufigste Motivation dazu, immer wieder neu zu Farbe und Pinsel zu greifen. Aber was tun, damit wir uns nicht ständig in den Motiven wiederholen? Die besten Anregungen bekommen wir, die wir ja keine berufsmäßigen Maler sind, natürlich von den alten Profis. Besuchen wir doch einmal unsere Heimat-Museen. Sehen wir uns dort mit offenen Augen um, kaufen wir uns Postkarten mit Abbildungen alter Bauernmöbel oder bebilderte Führer.
Studieren wir die dort und damals verwendeten Motive. Dieses Studienmaterial steckt voll von neuen Einfällen, Kombinationen und Motiven. Es hilft uns aber nicht nur neue Gestaltungen zu entwickeln, sondern auch unsere Technik und Fertigkeiten zu verfeinern. Es ermöglicht uns, dieser alten Volkskunst immer näher zu kommen.
Sicher finden Sie auch in Ihrer nahen Umgebung Museen oder historische Gebäude, in denen Sie eigene Studien betreiben können.

Hier eine kleine Auswahl an Museen, die sehenswerte Möbelstücke und Gebrauchsgegenstände besitzen:

Stuttgart, Württembergisches Landesmuseum

Würzburg, Mainfränkisches Museum

Berlin, Staatliche Museen, Abt. Deutsche Volkskunde

Bayreuth, Museum der Stadt Bayreuth

Dortmund, Museum für Kunst und Kulturgeschichte der Stadt Dortmund, Schloß Cappenburg

Feuchtwangen, Heimatmuseum

Hamburg, Altonaer Museum

Karlsruhe, Badisches Landesmuseum

Nürnberg, Germanisches Nationalmuseum

Regensburg, Museen der Stadt Regensburg

Wunsiedel, Fichtelgebirgsmuseum

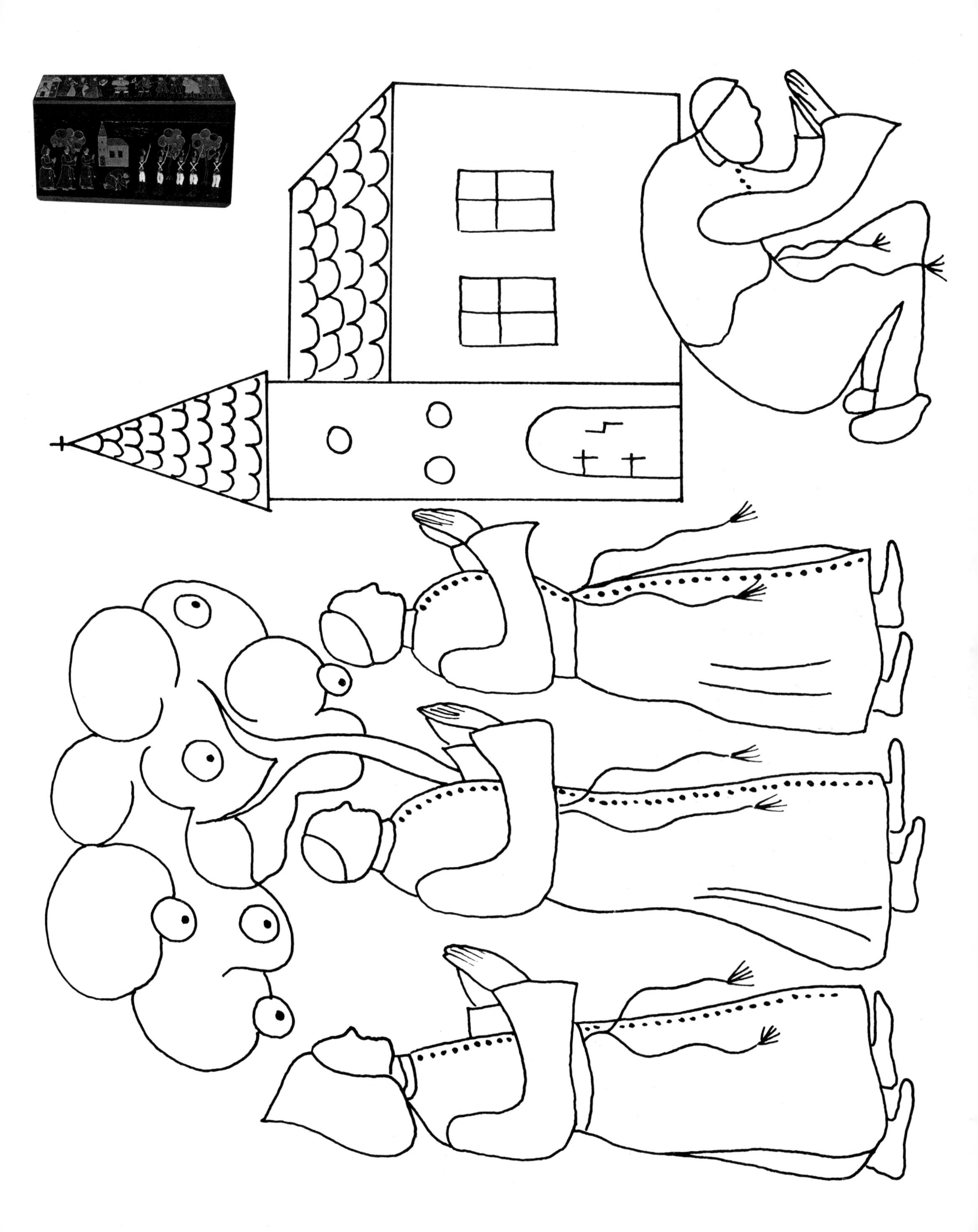

Die in diesem Buch abgebildeten Gegenstände wurden mit Pelikan-PLAKA-Farben bemalt.

Pelikan-PLAKA ist eine mit Wasser verdünnbare Kasein-Emulsionsfarbe mit hohem Deckvermögen. Dieser Farbtyp eignet sich besonders gut für die Bauern-Malerei, weil er der ursprünglichen Zusammensetzung der Bauernmalfarben am nächsten kommt und somit auch am typischsten wirkt.

Pelikan-PLAKA gibt es in 32 verschiedenen Farbtönen, die alle für die Bauern-Malerei geeignet sind. Alle Farbtöne sind untereinander mischbar. Dadurch läßt sich die Farbpalette noch um ein Vielfaches steigern.

Pelikan-PLAKA trocknet samtartig matt auf. Nach dem Trocknen sind die Farben wisch- und wasserfest.

Die im Bauernstil verzierten Gegenstände bestechen besonders durch ihr antikes Aussehen. Der Schimmer des Alters wird durch das Patinieren erreicht. Dafür gibt es den Pelikan Patina-Set.

Für das gute Gelingen der Arbeit sind die richtigen Pinsel von Bedeutung. Für die Bauern-Malerei gibt es von Pelikan einen speziellen Pinsel-Set.

Bauern-Malerei leicht gemacht mit Pelikan-PLAKA wird in diesem Buch und in einem Fernseh-Film ausführlich geschildert.

Günther Wagner Pelikan-Werke GmbH, 3000 Hannover 1